Sinnvolle Freizeit

Sheila Jackson

Marionetten, Kasperlfiguren, Theaterpuppen

Alte Kunst – neues Hobby

Franckh'sche Verlagshandlung
Stuttgart

Umschlag von Hans-Ulrich Eichler unter Verwendung eines Dias von Uwe Höch
Aus dem Englischen übertragen von Lore Puschert; ergänzt von Axel Zimmermann
Titel der Originalausgabe: »Simple Puppetry«, erschienen bei Studio Vista Publishers, London unter ISBN 289 79584 2
Mit 48 Abbildungen im Text

Franckh'sche Verlagshandlung, W. Keller & Co., Stuttgart / 1975

Printed in Germany / Imprimé en Allemagne
LH 9 Ste / ISBN 3-440-04181-6
Satz: IBV Lichtsatz, Berlin
Druck: Johannes Illig, Buch- und Offsetdruckerei, Göppingen

Marionetten, Kasperlfiguren, Theaterpuppen

Einleitung

Das Gestalten einer Puppenfigur fürs Theaterspiel ist etwas ganz anderes, als wenn man zum Beispiel eine Puppe für ein Kind anfertigt. Von vornherein muß man sich darüber im klaren sein, welche Funktion die Theaterpuppe im Spiel haben soll, denn danach müssen sich Körperform und Proportionen richten. Beachten sollte man immer, daß die Funktion der Puppe auch ihr Äußeres mitbestimmt und daß die Ausgestaltung der Puppe deshalb damit in Einklang gebracht werden muß. Das bedeutet durchaus keine Einengung der Möglichkeiten, denn dieser begrenzte Rahmen verleiht den Theaterpuppen erst ihren Charakter und Reiz und verlangt von ihrem Schöpfer Findigkeit und Phantasie.

Theaterpuppen darf man nie als kleine Menschen oder Miniatur-Schauspieler ansehen, denn sie sind weder das eine noch das andere. Deshalb müssen ihre Theaterstücke auch eigens für sie erdacht und geschrieben werden.

Bevor man sich für Hand- oder Stabpuppen oder aber Marionetten entscheidet, empfiehlt es sich, ein oder zwei Puppen von jedem Typ zu basteln und damit erst einmal zu proben. Von den Puppen hängt es ab, welche Darbietungen später möglich sind. Wenn man mit kleinen Kindern zusammen spielt, ist es allerdings am sinnvollsten, wenn man Handpuppen benutzt, denn Marionetten sind recht kompliziert zu handhaben und erfordern viel Geduld. Für Erwachsene dagegen bietet das Handpuppenspiel auf die Dauer zu wenig Möglichkeiten, wenn es nicht nur zur reinen Unterhaltung für Kinder gedacht ist. Handpuppen und Stabpuppen können miteinander auf der Bühne auftreten, doch wegen der verschiedenen Bühnenkonstruktionen ist es beinahe unmöglich, Marionetten mit anderen Puppentypen zu kombinieren.

Auch die Größe der Puppen muß am Anfang festgelegt werden. Das soll nicht heißen, daß alle gleich groß sein müssen, denn zu einem Puppen-Ensemble gehören Große und Kleine, Dicke und Dünne. Doch man sollte unbedingt von einer Richtgröße ausgehen. Bei Handpuppen richtet sich diese Größe nach der Hand des Spielers, weit mehr Spielraum hat man bei Stabpuppen und Marionetten. Anfangs geraten die Puppen meist zu klein, was dann beim Spielen und bei der Auswahl passenden Materials für Kostüme und Zubehör problematisch werden kann. Zu leichte Marionetten sind nicht gut zu führen, bei zu schweren Stabpuppen ermüden die Arme zu schnell. Man muß schon ein wenig probieren, um die richtige Größe zu finden, die für den Spieler am bequemsten ist und die am besten zu dem vorhandenen Bühnenrahmen paßt.

Dieses Buch befaßt sich zwar ausführlich mit dem Handwerklichen und der Ausgestaltung der Puppenbühne, doch auch die perfekteste Ausrüstung garantiert noch lange nicht dafür, daß man damit auch Theater spielen kann. Die Inszenierung eines Stücks und seine Musikbegleitung muß sorgfältig vorbereitet werden. Am besten ist es, mit etwas ganz Einfachem zu beginnen, vielleicht mit kleinen Spielszenen für nur zwei Puppen. So kann man ihre Ausdrucksmöglichkeiten langsam erforschen und mit der Musik und dem Dialog oder erzählenden Begleittext in Einklang bringen. Kinderreime, Verserzählungen und Lieder eignen sich hervorragend für erste Versuche. Puppen im Takt der Musik zu führen ist eine gute Übung für den Spieler, denn so lernt er rhythmisches Bewegen.

Besondere Umstände können es hin und wieder erforderlich machen, daß eine Puppe von zwei Spielern bewegt werden muß oder daß – beispielsweise bei Stabpuppen – zwei völlig gleiche Figuren entworfen werden, von denen jede ganz bestimmte Bewegungen ausführen kann. Dem Zuschauer erscheint es aber so, als handle es sich nur um eine Puppe.

Bitte haben Sie viel Geduld, denn erst nach ausdauerndem und gewissenhaftem Üben sollte das Theater für das Publikum geöffnet werden. Erst dann hat man die Gewähr, daß alles gut gelingen wird.

Und nun viel Spaß beim Basteln und recht viel Erfolg beim Spiel!

Werkzeuge und Material

Für die meisten Puppen, die in diesem Buch beschrieben werden, sind nur wenige einfache Werkzeuge notwendig, und jeder Bastler oder Freizeithandwerker wird bereits die meisten besitzen. Packpapier oder noch besser karierte Bögen sollten zum Entwerfen von Schnittmustern und Werkzeichnungen immer bereitliegen. Wo die im Buch abgebildeten Vorlagen in verkleinertem Maßstab dargestellt sind, können die Maße mit Hilfe eines Stechzirkels leicht abgemessen und entsprechend vervielfacht werden, um die Originalabmessungen zu erhalten.

Vor jeder Arbeitsanleitung ist der Bedarf an Werkzeugen genannt, und auf den nachfolgenden Zeichnungen sind die meisten abgebildet.

Bild 1: Zwei gute Scheren sind für alle Arbeiten sehr wichtig, eine Haushalt- oder Schneiderschere zum Zuschneiden (i) und eine kleine Stickschere (j) zum Ausschneiden kniffliger Formen, z. B. bei kleinen Besatzstücken aus Filz. Ein stabiles Lineal, vorzugsweise mit Stahlkante zur Messerführung, ist unerläßlich. Ein Schneidmesser mit auswechselbaren Klingen (b) tut hervorragende Dienste beim Zuschneiden von Einzelteilen und Verzierungen jeder Art und läßt sich auch sonst vielseitig verwenden. Zum Biegen und Abschneiden von Draht ist eine Zange nötig; eine vorn spitz zulaufende Kombizange (a) ist fürs Puppenmachen am besten geeignet. Eine Ahle (n), die preiswert zu kaufen ist, läßt sich zum Durchlöchern von Plastikbechern und -bällen verwenden; dazu erhitzt man die Spitze über einer Flamme. Mit einem Nagelbohrer (m) kann man im Holz Löcher zum Eindrehen von Schrauben, Ringschrauben und Haken vorbohren. Wer ein Puppentheater bauen will, braucht auch einen Schraubenzieher (c). Eine Bügelsäge (d) ist nicht nur zum Abschneiden vorstehender Nägel gut, sondern läßt sich wegen ihrer handlichen Größe auch zum Absägen von Rundhölzern und Leisten verwenden. Ein leichter Hammer (h) – etwa 50 bis höchstens 100 g – ist beim Puppenbasteln ebenfalls ein nützliches Werkzeug. Ringschrauben (g) braucht man in verschiedenen Größen – ganz kleine zum Eindrehen in Beine, Arme und Hände für die Führung der Spielfäden; die größeren für die Schultergelenke, für die Fadenbefestigung am Rücken und schließlich für das Spielkreuz zur Fadenführung. Schräubchen oder Schraubhäkchen (o) können oben an den Leisten des Spielkreuzes angebracht werden, um das Aufhängen der Spielfäden zu erleichtern. Die lange Nadel (k) ist eine Polsterernadel zur Arbeit an Stoffpuppen. Eine gebogene Nadel (l) ist für schwer zugängliche Stellen recht praktisch. Zum Ausbessern

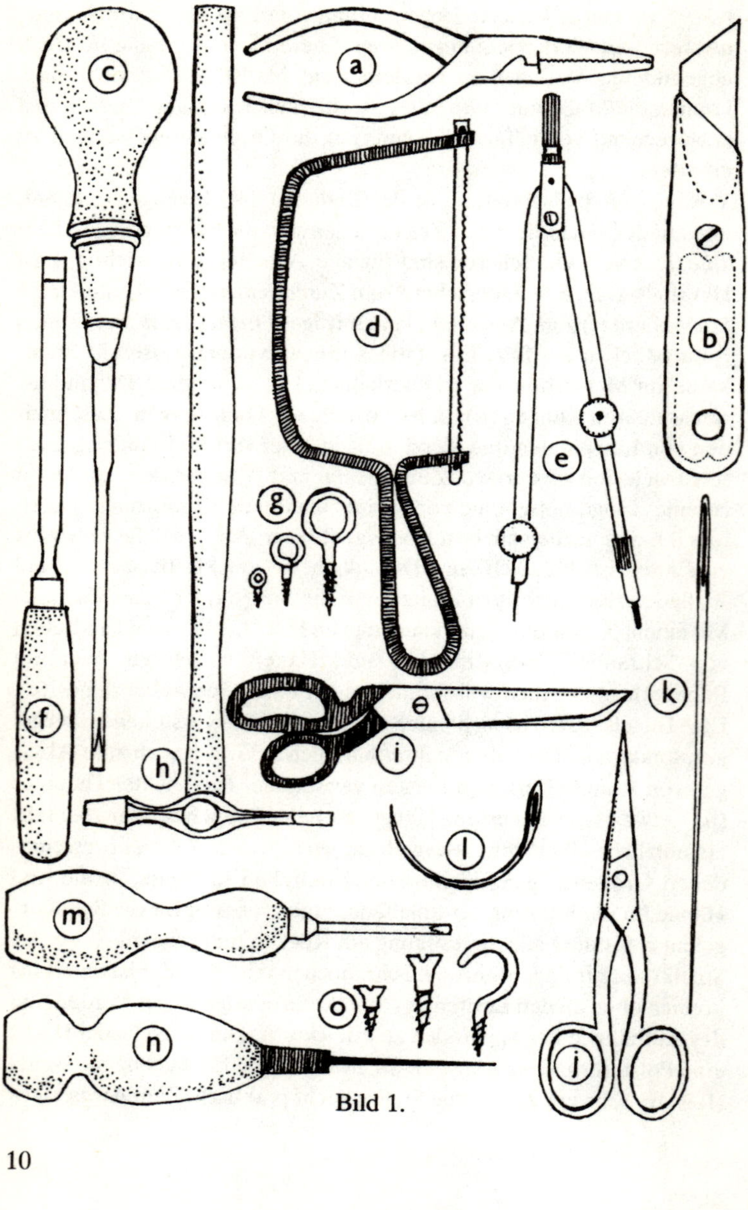

Bild 1.

von Schadstellen, wie zum Beispiel abgebrochene Teile von Gesicht und Händen, wie auch zu stark ausgebohrte und gesplitterte Fassungen für Gliedschrauben, verwendet man am besten »Holzkitt«, den man in jedem Bastelgeschäft kaufen kann. Wir füllen die schadhaften Stellen mit einem kleinen »Pinzettenspachtel« aus.

Bild 2: Zum Leimen und Bemalen sind verschiedene Pinsel notwendig; die Grundausstattung wäre ein etwa 2 cm breiter Flachpinsel (p), ein dicker Haarpinsel (q) und ein Pinsel mit feiner Spitze (r). Billige Pinsel zu kaufen wäre Sparsamkeit am falschen Platz. Zum Reinigen verwendet man das entsprechende Lösungsmittel und spült anschließend erst mit Seifenwasser, dann mit klarem, kaltem Wasser aus. Starke Metallklammern (s) und (t) in verschiedenen Größen sind sehr praktisch fürs Zusammenpressen geleimter Stücke. Ein Fuchsschwanz (u) dient zum Sägen von Spanplatten und Leisten beim Theater- und Kulissenbau.

Bild 3: Zur Holzbearbeitung

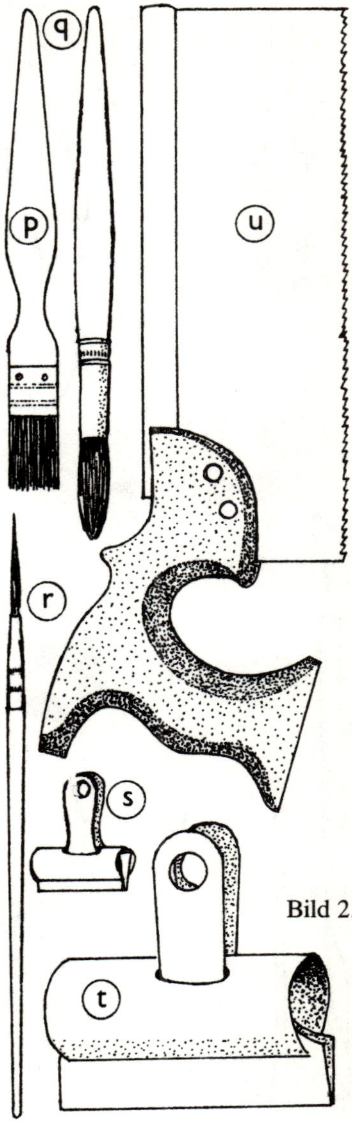

Bild 2.

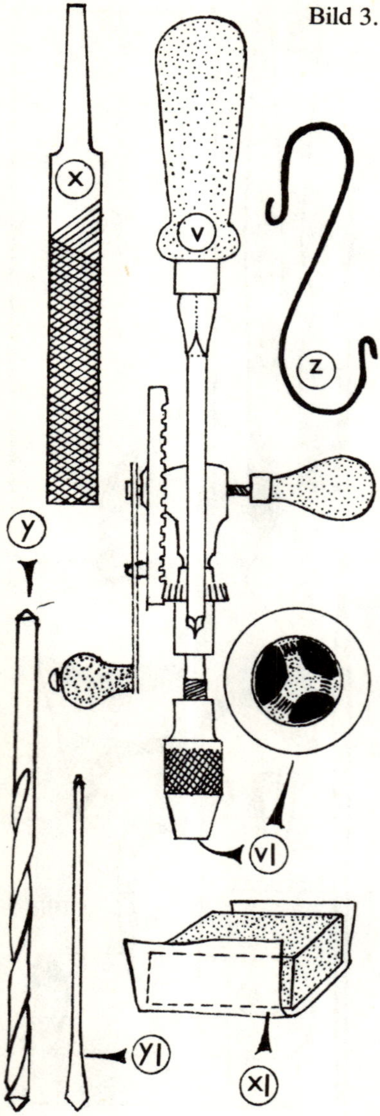

Bild 3. ist ein Drillbohrer, besser noch eine Handbohrmaschine (v), von großem Nutzen. (vl) zeigt das Bohrfutter, in welches die verschiedenen Bohreinsätze, z. B. (yl), eingespannt werden. Eine Feile (x) ist fürs Glätten nötig, ebenso Sandpapier, das man am besten um ein Holzklötzchen legt (xl). Schließlich sei noch ein sehr praktischer Haken (z) vorgestellt; er läßt sich aus starkem Draht biegen und zum Aufhängen von Puppen oder Teilstücken verwenden, damit der Arbeitsplatz freigehalten wird.

Günstig ist es, wenn man sich einen besonderen Arbeitsplatz einrichten kann, mit einer starken Werkbank oder einem Tisch, der die verschiedenen Schneide- und Sägearbeiten nicht übelnimmt. Die Werkzeuge hängt man am besten in Reichweite an einer Lochplatte auf. Ebenfalls im Griffbereich sollten einige Regalbretter hängen, auf denen die Behälter mit Nägeln, Schrauben, Näh- und Bindfaden usw. stehen können. Stoffe und Zutaten wie Bänder und Borten kann man in Schachteln oder Stoffbeuteln aufbewahren. Perlen und Knöpfe bringt man zwecks besserer Übersicht in Gläsern mit Schraubdeckel oder in Klarsichtdosen unter. Schließlich sollten die verschiedenen Klebstoff- und Leimtypen stets reichlich vorrätig sein, denn wenn sie mitten in der Arbeit zur Neige gehen, ist das sehr ärgerlich. Spiritus und Terpentinersatz sowie Lösungsmittel für die verschiedenen Farb- und Kleberarten sind zur raschen und gründlichen Reinigung unerläßlich.

Bild 4.

Handpuppen

Die meisten Menschen haben als Kinder beim Kasperltheater zugeschaut und ihr Vergnügen an den derben Späßen gehabt. Heute ist es nicht anders, viele Kinder möchten anschließend am liebsten gleich selbst mit solchen

Kasperlpuppen spielen. Wenn Eltern oder Lehrer sie dann ein wenig ermuntern und anleiten, ist schon der Anstoß zu schöpferischem Tun gegeben, das sich mit der wachsenden Erfahrung des Kindes im Laufe der Jahre entfalten kann.
Die Handpuppe ist fürs Theaterspielen am einfachsten und als Einführung ins Puppenspiel daheim oder in der Schule am besten geeignet. Da man nur ganz wenige Zutaten braucht, ist der Aufwand denkbar gering, und im Haushalt ist meist alles Notwendige schon vorhanden. Ein wenig Geschick und Geduld und ein Platz zum Basteln sind dann alles, was der Puppenmacher noch braucht.
Dieser Abschnitt schildert als Anregung Handpuppen verschiedener Machart, wobei das Äußere nach Belieben abgewandelt werden kann. Die Schnittmuster sind als Hilfen für eigene Versuche und Entdekkungen gedacht. Die Filzpuppen kann man für kleine Kinder machen, um die Freude am Puppenspiel anzuregen; natürlich lassen sie sich auch ganz einfach als Spielzeug verwenden.
Bild 4 zeigt ein paar drollige Puppenfiguren mit holzgeschnitzten Köpfen und Händen. An der Vorderseite des über die Hand reichenden Röckchens können noch baumelnde Beine angesetzt werden.

Strumpfpuppen

Material: Eine alte Socke, Faden, Nagellack oder Latexkleber, Perlen oder Knöpfe, Stoff- und Spitzenreste usw. zum Ausstaffieren, Gummifaden, Stoffband, Wolle, Baumwoll- oder Seidengarn und Bindfaden.
Werkzeug: Nadel, Stopfnadel, Schere.

Den Strumpf schneidet man wie auf *Bild 5* bei (a) ab und zieht dann den oberen Rand der Strumpflänge mit einem Faden zusammen (b). Nun ein Stück Gummifaden rund um den Hals einziehen und den abgeschnittenen Füßling in den Kopf stopfen; Gummifaden zusammenziehen und verknoten. Für die Finger zwei Löcher einschneiden und die Ränder mit Nagellack oder Klebstoff bestreichen, damit sie nicht ausfransen. In Höhe des Handgelenks (d) einen Gummifaden zur Taillenmarkierung einziehen. Woll-, Garn- oder Bindfadensträhnen, auf ein Stück Band genäht, ergeben die Haare (e). Man kann auch zwei Scheiben aus Pappe schneiden (f), sie wie bei (g) mit Wolle oder Garn

Bild 5.

umwickeln, die Fäden am Rand entlang aufschneiden (h) und in der Mitte fest zusammenziehen (i). *Bild 6* gibt Anregungen für ein paar Spielfiguren: Braut, Bräutigam, Brautmutter und Pfarrer. Eine Brille läßt sich aus dünnem, leicht biegsamen Draht herstellen, zum Beispiel aus Blumendraht. Der Brautschleier entsteht aus einem Zier- oder

Tortendeckchen. Federn, Pelzstückchen, künstliche Blumen, Tüllreste – all das läßt sich gut verwenden. Abgeschnittene alte Fingerhandschuhe, die man unter dem Puppengewand trägt, sehen wie Ärmel aus.

Bild 6.

Ein Vogel aus einer Socke

Material: Socke, Kontaktkleber, Nagellack, Federn, Perlen oder Pailletten, Filzscheibe, Faden.
Werkzeug: Nadel, Schere.

Bild 7.

Wie auf *Bild 7* am Fußteil mit Vorstichen einen V-förmigen Abnäher anbringen (a), das Gestrick dazwischen ausschneiden und die Kanten mit Nagellack oder Kleber gegen Ausfransen sichern. Dann die Socke wenden. Die Filzscheibe und eine Paillette als Auge (b) aufkleben, Kopf und Hals mit Federn bekleben (c). Besonders schön wird der Vogel, wenn man die Federn mit etwas Goldfarbe betupft und zwischen den Federn Pailletten aufnäht.

Eule aus Filz

Handpuppen dieser Machart sind gut für Kinder geeignet.

Material: Braune, graue und beigefarbene Filzreste, zwei schwarze Perlen oder Pailletten für die Augen, Latexkleber, Nähfaden in passendem Ton, Farben (Plakat-, Acryl- oder Temperafarbe).
Werkzeug: Lineal oder Bandmaß, Zirkel, Stecknadeln, Nähnadeln, Schere (möglichst auch feine Stickschere zum Ausschneiden zierlicher Formen und kleiner Teile), Malpinsel mit guter Spitze.

Die Eule wirkt am besten aus grauem, braunem und beigefarbenem Filz mit schwarzen Perlenaugen. *Bild 8* zeigt den normal passenden Zuschnitt für diesen Handpuppentyp, der jedoch entsprechend der Hand des Kindes leicht abgeändert werden kann. Dazu zeichnet man am besten die Konturen mit entsprechender Zugabe direkt um die zur bequemsten Spielhaltung ausgestreckte Hand herum (Zeigefinger zur Führung des Kopfes nach oben gerichtet, für die Flügel entweder Daumen und Mittelfinger oder Daumen und kleinen Finger schräg seitlich ausgestreckt, die beiden übrigen Finger eingebogen). Nun kann man das Schnittmuster in diesem Maßstab neu zeichnen und die Einzelteile ebenfalls maßstabgerecht abändern. *Bild 8* entspricht halber Originalgröße (also 1 cm auf der Abbildung = 2 cm beim Zuschnitt). Man kann den Schnitt zuerst auf Papier zeichnen und dann auf den Filz übertragen, oder man kann direkt auf den Filz zeichnen.
Die Grundform für die Eule schneidet man zweimal aus doppelt genommenem Stoff nach der dick gezeichneten Umrißlinie (a) von *Bild 8* zu. Die punktierte Linie (a)–(b) muß auf den Stoffbruch zu liegen kommen. Nun die Teile (c) und (d) ebenfalls je zweimal zuschneiden;

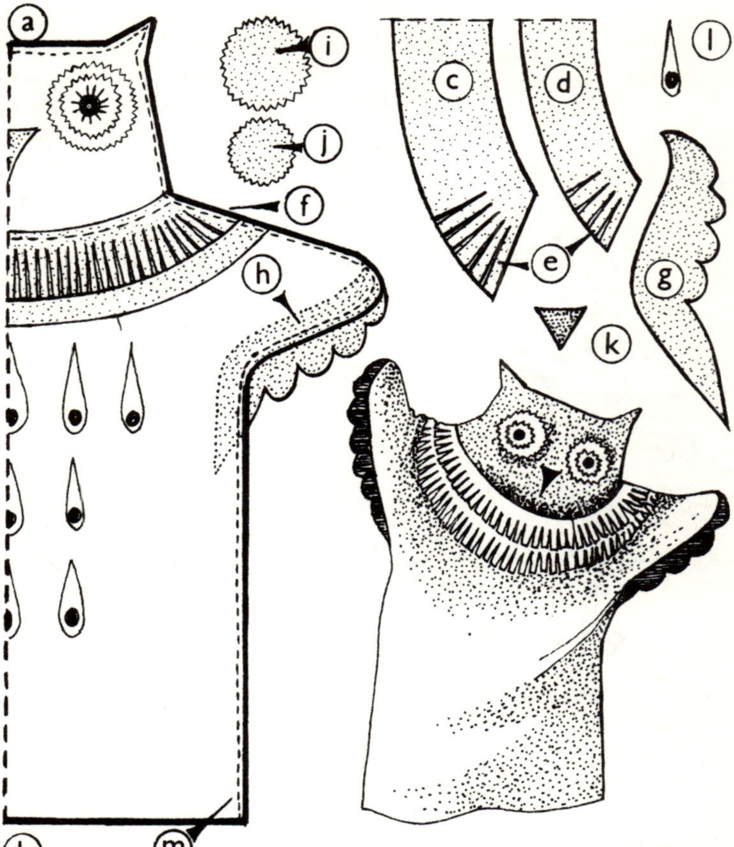

Bild 8.

auch hier entspricht die punktierte Linie dem Stoffbruch. Diese Teile ergeben die Halskrause des Vogels. Die Fransen werden mit der Schere eingeschnitten (e). Dann näht man die Teile am Vorder- und Rückenteil auf (f).

Nun die beiden Flügel (g) zuschneiden und an der Unterseite des Vorderteils annähen oder ankleben (h). Als Augen zwei größere und zwei kleinere Filzkreise (i) und (j) in verschiedenen Farben ausschneiden

Bild 9.

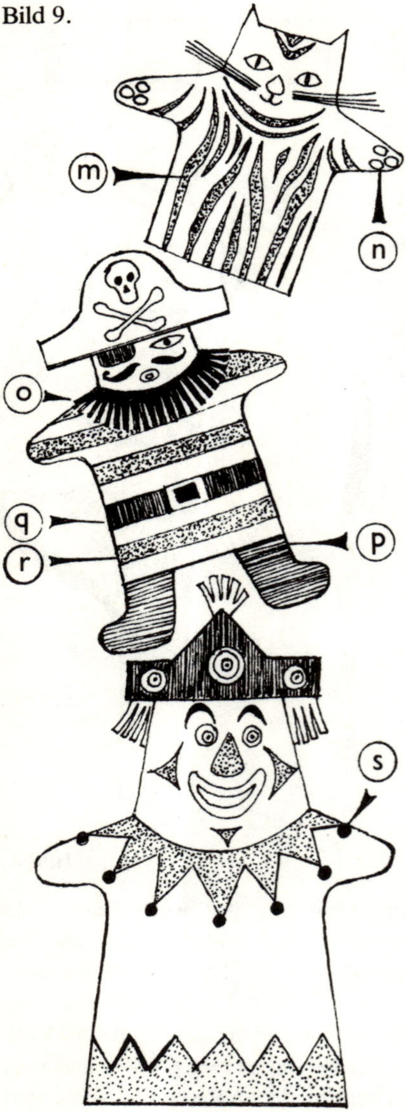

und die Kanten im Zickzackschnitt nachschneiden. Den kleineren auf den größeren Kreis legen und am Vorderteil festnähen, dabei in der Mitte eine Perle oder Paillette als Pupille mitfassen. Den Schnabel bildet ein Eckchen Filz oder eine in der Form passende Perle; er wird aufgenäht oder angeklebt.

Vorder- und Rückenteil der Hülle aufeinanderlegen und entlang der punktierten Linie (m) zusammennähen. Dies kann von rechts geschehen, da man Nähte bei Filz nicht zu wenden braucht. Man kann noch Federchen aus Filzresten (l) auf die Brust der Eule nähen, und wer ein übriges tun will, gibt einen Tupfer Plakat- oder Acrylfarbe darauf.

Nach diesem Grundschnitt lassen sich allerlei einfache Handpuppen herstellen, indem man auf der Grundlage der Handform die Konturen und Zutaten entsprechend abwandelt. Einige Anregungen dafür zeigt die nächste Seite. Filz läßt sich hierfür immer leicht verarbeiten, aber auch anderes Material kann gut wirken.

Bei der Katze wird die Hülle für die Hand in der gleichen Form wie bei der Eule zugeschnitten. Die Streifen im Fell (m) schneidet man aus Filz und klebt sie mit Latexkleber auf, oder man malt sie auf, vielleicht mit Hilfe einer Schablone. Die Pfoten werden mit rosa Filzkreisen besetzt (n). Auch die Augen werden aus Filz geschnitten und mit Pupillen aus Pailletten versehen. Die Nase ist ebenfalls ein Filzstückchen, der Mund ist gestickt. Nylonborsten aus einem Besen stellen die Schnurrhaare dar und werden mit Kontaktkleber angeklebt.

Der Pirat ist ein klein wenig schwieriger. Erst zeichnet man den Grundschnitt auf, hier natürlich ohne die spitzen Ohren. Am besten eignet sich gestreifter Stoff; ist keiner zur Hand, kann man Streifen oder Bänder in abstechender Farbe aufnähen (r). Den Hut doppelt aus schwarzer Plastikfolie, Wachstuch oder Filz zuschneiden, Totenschädel und gekreuzte Knochen aufmalen oder ausschneiden und aufkleben. Teil (c) wie bei der Eule aus dunklem Filz zuschneiden und Fransen einschneiden; dies ergibt hier den Bart (o). Die zwei Stiefel (p) jeweils doppelt zuschneiden, rundherum zusammennähen und leicht mit Schaumgummiresten auspolstern. Die Einzelteile fürs Gesicht werden aus Filzresten ausgeschnitten und aufgeklebt. Nun Vorder- und Rückenteil zusammennähen, den Hut seitlich und oben zusammennähen, über den Kopf stülpen und mit ein paar Stichen festhalten. Die Stiefel an der Unterkante des Vorderteils befestigen. Zuletzt noch den Gürtel aus Plastik oder Wachstuch zuschneiden und an den Seitennähten anheften (q).

Zum Schluß noch ein lustiger Harlekin. Man verfährt genauso wie bei den anderen Figuren und beschränkt sich auf einfache Formen und wenige Farben. Die Zipfel am Kragen können mit winzigen Glöckchen verziert werden.

Hexe

Material: Plastik- oder Gummibällchen, ein Stück Rundholz, dünne Pappe, Stärkekleister, Zeitungspapier, zwei verschieden gemusterte Stoffstücke, Kontaktkleber, Haarnadeln, ein Zweig, Bast, Tüll. Werkzeug: Ahle, Messer, Pinsel, Schere, Steck- und Nähnadeln, Faden.

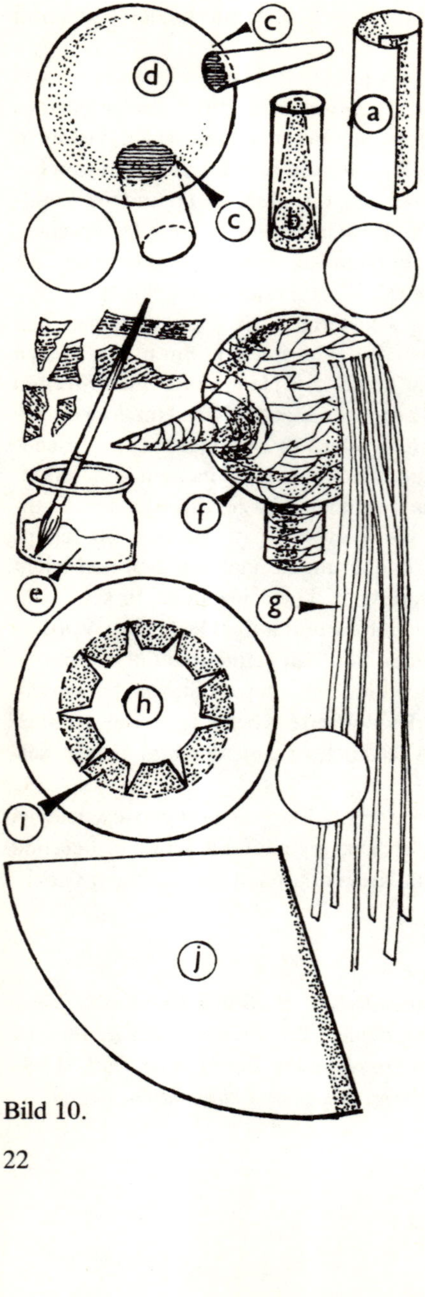

Bild 10.

Die Pappe zu einer Röhre rollen (a) und zusammenkleben. Das Rundhölzchen mit dem Messer zu einer spitzen Nase schnitzen (b). In ein Bällchen entsprechender Größe (d) zwei Löcher für die Nase und die Halsröhre (c) bohren. Das geht am besten mit der Spitze einer Ahle, die man über einer Flamme erhitzt. Immer wieder erhitzen und das Loch durch kreisende Bewegungen erweitern, bis es die richtige Größe hat, dann Nase und Hals einsetzen.

Ein paar Bogen Zeitungspapier in kleine Fetzen zerreißen und aus Wasser und Kleisterpulver (man kann auch Mehl verwenden) den Kleister anrühren (e). Nun Kopf, Nase und Hals über und über mit Papierfetzchen bekleben (f). Die Nase kann dabei noch besser modelliert werden. Zum Trocknen an einen warmen Ort legen, später aus festem Papier oder dünnem Karton lange Streifen schneiden und als Haare an den Kopf kleben (g).

Bild 11.

Den Hut in zwei Teilen (h) und (j) aus Pappe zuschneiden. Das Kopfteil zum Kegel biegen und an der punktierten Fläche zusammenkleben, die Klebefalze (i) entlang der punktierten Linie aufbiegen, mit Klebstoff bestreichen und im Innern des Kegels andrücken. Den Hut trocknen lassen und dann am Kopf festkleben.
Nun die Hände nach *Bild 11* (l) aus dünnem Karton zuschneiden und

zur Verstärkung eine Haarnadel dahinterkleben. Die Pappfinger, die ja gekrümmt sein sollen, biegen und drehen und auch die Haarnadel zurechtbiegen. Für die Finger des Spielers zwei Röllchen aus Pappe herstellen (k) und an einem Ende zusammenkleben; hier wird dann das Handgelenk angeklebt. Schmale Seidenpapierstreifen in Stärkekleister tauchen und um Finger, Hand und Handgelenk legen, um die Form besser herauszumodellieren. Alles zum Trocknen beiseite legen. Nun sind die beiden Stoffstücke an der Reihe. Das eine Stück der Länge nach falten und ein Halsloch (o) und zwei Armlöcher (p) einschneiden, dann die Armröllchen mit den Händen einkleben. Aus dem zweiten Stück den Umhang zuschneiden, etwa nach der stark gezeichneten Linie (r)–(r) auf Bild 11. Den Umhang (q) über das Untergewand (n) ziehen, dann den Hals mit dem Hexenkopf in das Halsloch einsetzen und gut festkleben. Nun die Hexe mit Acrylfarben oder Plakatfarben bemalen (letztere müssen allerdings noch farblos lackiert werden).

Die Haare aus Papierstreifen kann man über einen Messerrücken ziehen, damit sie sich zu Locken ringeln. Um den Hut der Hexe einen Tüllstreifen binden und mit einem Stern schmücken. In eine ihrer Hände gehört ein Besen; dazu nimmt man einen Zweig oder ein ganz dünnes Holzstäbchen und bindet ein paar Baststrähnen darum.

Köpfe aus Papiermaché

Wer Talent zum Modellieren hat, stellt sich die Köpfe für seine Handpuppen am besten auf diese Art her. Es ist gar nicht schwierig; man muß nur Geduld haben und bei den einzelnen Abschnitten der Fertigstellung jeweils genügend Trockenzeit zugeben.

Zum Aufbau der Grundform *(Bild 12)* eignet sich Modellierton oder Plastilin. Man beginnt mit einem eiförmigen Klumpen, den man auf ein Stück Besenstiel oder ein passendes Rundholz (s) setzt. Daran drückt man kleine Klümpchen, bis die Gesichtszüge Form annehmen. Sie sollten möglichst einfach gehalten werden (t). Nun etwas Stärkekleister anrühren und Zeitungspapier in kleine Stücke, etwas 2 cm groß, zerreißen. Den Kopf gut mit Vaseline einfetten und nun mit Hilfe eines weichen Pinsels über und über mit Papierfetzen bekleben. Dies muß man so lange wiederholen, bis mindestens sechs Papierlagen

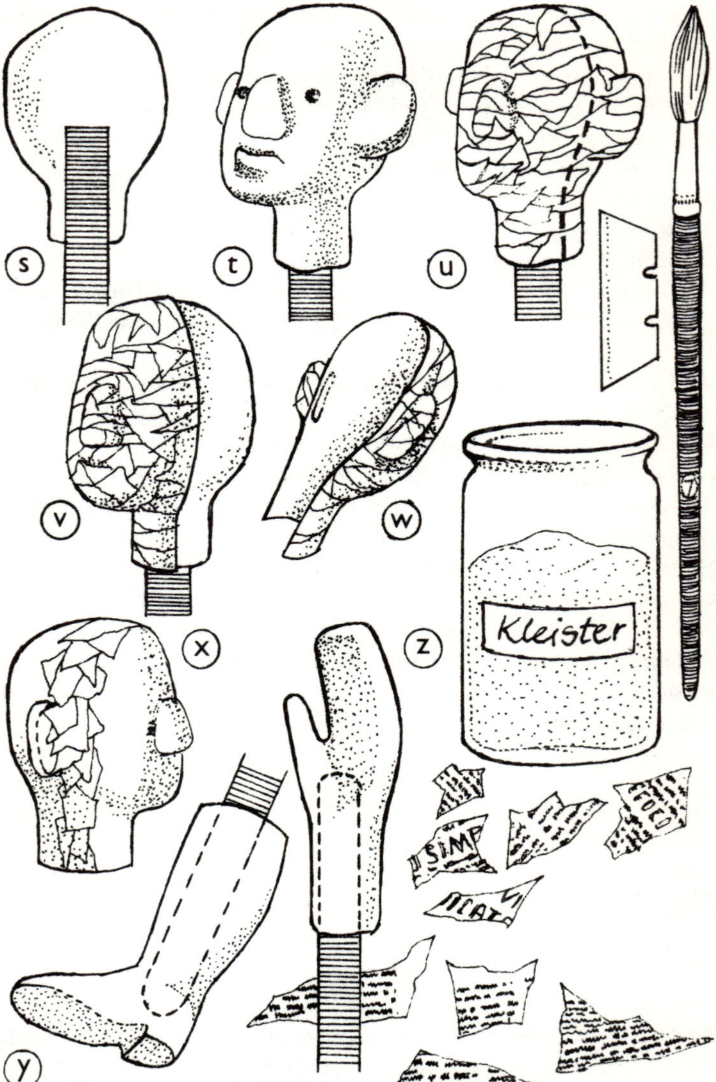

Bild 12.

übereinander kleben, sonst gerät die Papiermaché-Schicht zu dünn und hält die Form nicht, wenn die Modelliermasse entfernt wird.
Wem die Herstellung von Pappmaché so zu langwierig ist, der kann Pappmachépulver fertig angerichtet im Fachgeschäft kaufen. Dieses muß nur noch mit Wasser versetzt werden. Die Anwendung ist auch zum Ausbessern und zur Korrektur von schadhaften Stellen geeignet.
Weitere Vorteile:

1. *Man kann jeweils nur die benötigte Menge anmachen.*
2. *Schnelle Trockenzeit.*
3. *Sauberere Verarbeitung bei Feinarbeiten, wie Mund, Ohren, Augen usw., da es sich wie Knet auch mit einem Pinzettenspachtel verarbeiten läßt.*
4. *Läßt sich leicht mit einem feinen Schmirgelpapier (100) nachschleifen.*

Der Kopf muß nun an einem warmen Ort völlig austrocknen. Dann wird das Papiermaché ringsherum aufgeschnitten (u). Bei abstehenden Ohren wie im gezeigten Beispiel das Plastilin unter den Ohren waagrecht durchschneiden, so daß es beim Abnehmen der hinteren Hälfte der Papiermaché-Hülle mit abgeht und mit der Messerspitze aus der Ohrhöhlung herausgekratzt werden kann. Nun die beiden Hälften wieder zusammenfügen, indem man zwei oder drei Papierschichten über die Schnittlinie klebt (x). Wenn der Kopf danach wieder trocken ist, kann er bemalt werden. Hände (z) und Beine (y) lassen sich im gleichen Verfahren herstellen.

Stabpuppen

Nach einiger Übung mit Handpuppen bekommt man meist Lust, auch einmal eine Puppenspieltechnik auszuprobieren, die mehr Bewegungsspielraum bietet. Dann kann man es mit Stabpuppen versuchen.

Bis vor kurzem waren diese Puppen im Fernen Osten viel volkstümlicher als in Europa, wo man eben nur das Kasperltheater kennt. Stabpuppen aus Java sind oft wunderschön, mit fein ausgearbeitetem Kopf und langen, dünnen Armen, manchmal in lebhaft bedruckte Baumwolle, dann wieder in feine Seide mit Paillettenstickerei gekleidet.
Ein Beispiel für die heute zunehmende Vorliebe für Stabpuppen ist das Staatliche Sowjetische Puppentheater mit seinem großen Repertoire an Stücken für Erwachsene und für Kinder. Wer Gelegenheit hat, solche Puppen auftreten zu sehen, wird sich von den vielfältigen Möglichkeiten des Stabpuppenspiels leicht überzeugen lassen.
Beim Entwerfen von Stabpuppen ist zu beachten, daß Ausdruck und Bewegung hauptsächlich von Kopf und Händen ausgehen. Daher lohnt es sich, im Modellieren oder Schnitzen ausdrucksvoller Köpfe und Hände gute Übung zu erlangen, wenn mit Stabpuppen Theater gespielt werden soll. Es gibt viele Möglichkeiten, die Stäbe zu verbergen:
Der tragende Hauptstab steckt gewöhnlich unter dem Kleid der Figur oder in einem Hosenbein, wenn die Puppe mit Beinen gearbeitet wird; die Führungsstäbe sind normalerweise mit den Händen verbunden. Hierfür nimmt man entweder dünne Rundhölzchen oder Metallstäbchen. Weite, hängende Ärmel oder ein geschickt drapierter Umhang können diese Stäbe dem Blick entziehen, oder eine Hand kann einen zum Kostüm gehörenden Stab, Besen oder Schirm halten.
Für anspruchsvolle Vorhaben kann es nötig sein, mehrere Figuren von genau gleichem Äußeren herzustellen, die aber je nach ihrer unterschiedlichen Bauweise verschiedene Bewegungen ausführen können. Und bei manchen komplizierten Puppen sind zur Führung zwei Spieler erforderlich. Wichtig ist es jedoch, sich zunächst mit Figuren ganz simpler Bauart vertraut zu machen, die dann eben zu entsprechend einfachen Bewegungen imstande sind. Ein kurzer Auftritt für zwei Spieler, bei dem jeder seine Puppe einfühlsam führt, ist für den Anfang genau das Richtige. Sehr hilfreich ist es, wenn ein Dritter dabei zuschaut und vernünftig berät und kritisiert.
In den folgenden Anleitungen für eine Reihe verschiedener Stabpuppen kann sich mancher Hinweis auch für alle übrigen gezeigten Beispiele als nützlich erweisen. Wer sich zuvor die Zeichnungen anschaut,

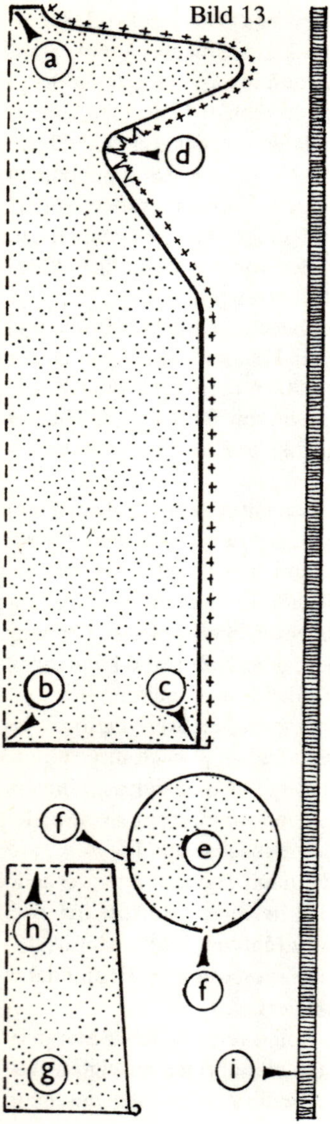

Bild 13.

wird feststellen, wie gut sich bei den verschiedenen Figuren beispielsweise einzelne Gliedmaßen austauschen lassen. Es sei hier auch auf die Verwendung von Plastikrohr für die Arme verwiesen, wie es in der Anleitung zu den Marionetten beschrieben wird (Seite 48).

Eine ganz einfache Stabpuppe

Material: Joghurtbecher aus Plastik, Tischtennisball, Rundstab, kräftiger Zwirnsfaden, Pappe, Kontaktkleber, Federn und sonstiger Schmuck, Baumwollstoff, Nähseide, farbige Tusche.
Werkzeug: Näh- und Stecknadeln, Ahle, Schere, Lineal, Bleistift.

Das Schnittmuster für das Kleid wird nach *Bild 13* so auf den Stoff übertragen, daß der Stoffbruch entlang (a)–(b) verläuft. Das Teil nach der durch Sternchen bezeichneten Schnittlinie zweimal zuschneiden; Seitennähte schließen, jedoch Saum und Hals offen lassen. Bei (d) wie auf der Zeichnung kleine Kerben einschneiden. Die Spitze der Ahle in einer Flamme erhitzen und den Tischtennisball (e) an den entsprechenden Stellen (f) zur Aufnahme des Stabs und des Hölzchens für die Nase anbohren. Der Joghurtbecher (g) be-

Bild 14.

kommt ein größeres Loch (h). Nun den Rundstab (i) in den Tischtennisball einsetzen und mit Kontaktkleber befestigen wie auf *Bild 14* (j). Den Kleidersaum (b)–(c) rings am Rand des Bechers festkleben (l). Nun von oben her den Stab durch das Halsloch des Kleids und dann durch das Loch im Becherboden stecken, das Kleid am Hals um den Stab festkleben und die Stelle zur Sicherheit noch mit einem starken

Zwirnsfaden umwickeln (k). Als Haare kann man Woll-, Garn- oder Seidenfäden an den Kopf kleben (o). Nun aus Pappe einen Ring mit Klebefalzen im Innenausschnitt (m) zuschneiden und als Hutkrempe am Tischtennisball ankleben. Den Ball oberhalb der Krempe in passender Farbe anmalen, damit er als Hutkopf erscheint. Die Garnitur bilden zierliche künstliche Blumen oder Federchen und Tüllreste. Damit das duftige Gebilde etwas Festigkeit gewinnt, sprüht man es kurz mit Haarspray an. Um den Hals kann als Kragen ein Stückchen Spitze oder gerüschtes Band geklebt werden. Ein paar Federchen oder einfach ein wenig gekräuselter Tüll ergeben eine altmodische Federboa. Zum Schluß legt man vielleicht noch einen leichten Schal um und bindet eine Schürze vor.

Grundtyp einer beweglichen Stabpuppe

Material: 40 cm lange Pappröhre (ca. 25 mm Durchmesser), 50 cm langes Rundholz (ca. 20 mm Durchmesser), Draht, dünner Karton, Klebeband, Zeitungspapier, Modellierton oder Plastilin, Stärkekleister, dünne Schaumgummiplatte und Perlen (soweit vorhanden), Plakat- oder andere Farben, dünne Holz- oder Metallstäbchen, Stoff und schmückende Zutaten fürs Kostüm.

Werkzeug: Schere, Bleistift, Säge oder scharfes Messer, Kneifzange, Leimpinsel, Farbpinsel, Modellierwerkzeug nach Belieben.

Nach der folgenden Anleitung wird der Grundtyp für Stabpuppen hergestellt, der sich sehr leicht zu einer Vielzahl anderer Puppenfiguren verschiedener Größe und Gestalt abwandeln läßt. Dazu kann man entweder zusätzliche Schaumgummipolster aufkleben, das Grundschema aus Pappe abändern oder das Papiermaché in dickerer Schicht auftragen.

Zuerst wird um die Spitze des Mittelstabs, *Bild 16* (q), ein Kopf modelliert. Man kann einen locker zusammengeknüllten Ball aus Zeitungspapier mit Draht an dem Stab befestigen (r) und darüber aus Ton oder Plastilin den Kopf formen; dabei spart man Modelliermasse, und der Kopf wird leichter. Nun Zeitungspapierstückchen mit Kleister in mehreren Lagen um den Kopf kleben und trocknen lassen.

Die Form für den Rumpf nach *Bild 15* (a) aus doppelt gelegtem dün-

Bild 15.

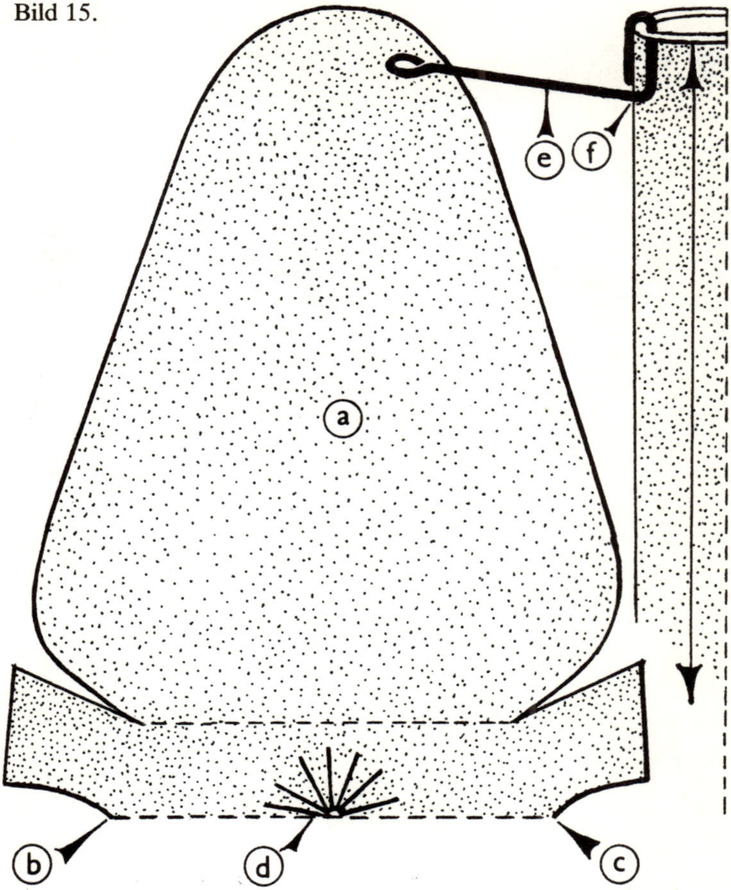

nem Karton ausschneiden, wobei der Falz entlang der Linie (b)–(c) verlaufen muß. In der Mitte strahlenförmige Einschnitte (d) machen. Die Schulterdrähte entstehen aus zwei 6 cm langen Drahtstücken, die durch Löcher in der Papprohre (f) gesteckt und gebogen werden (e). Nun den zugeschnittenen Karton zum Rumpf formen, indem man entlang der Schulterlinie knickt, die Klebefalze unterschiebt und sie mit

Bild 16.

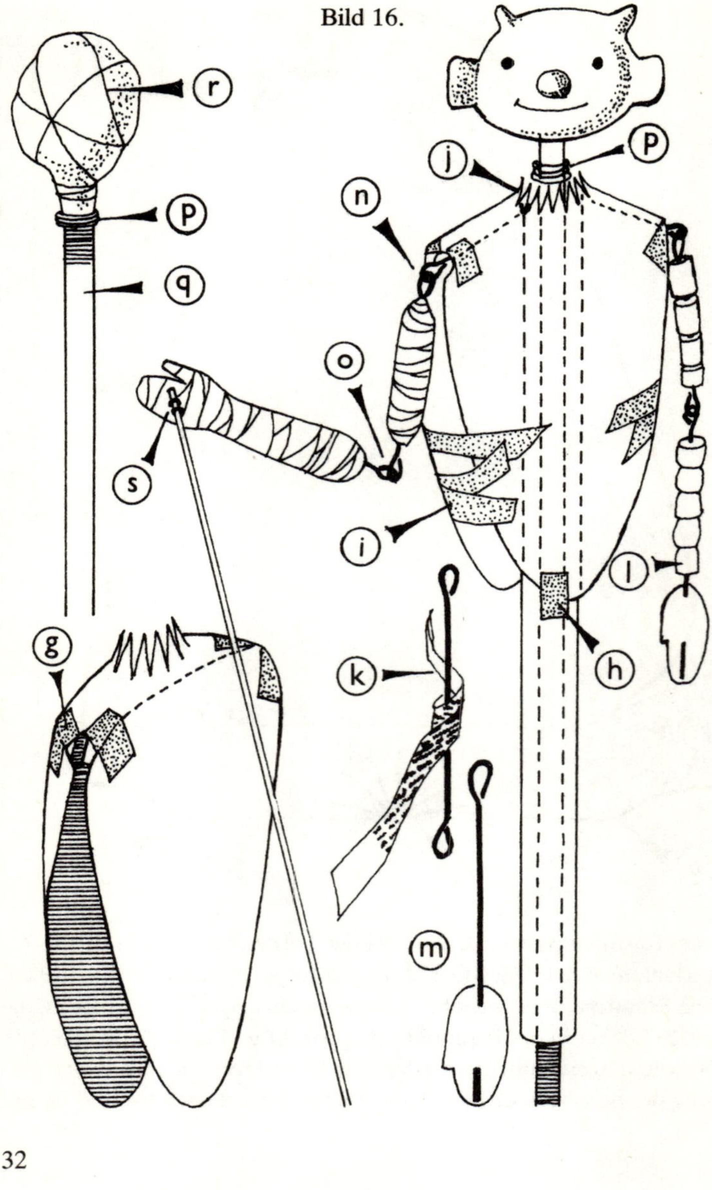

Klebeband festhält, wie *Bild 16* (g) zeigt. Den Rumpf über die Röhre schieben und ebenfalls mit Klebeband befestigen (h); auch die Seitenteile locker miteinander verbinden (i). Dann mehrere Lagen Zeitungspapierschnitzel auf den Rumpf kleben, der damit seine endgültige Form aus festem Papiermaché erhält. Besonders gründlich muß die Hals- und Schulterpartie überarbeitet werden, da diese ein tragfähiges Fundament für den Hals mit dem Kopf ergeben muß (j).
Nun die Drähte für die Arme zuschneiden, wobei der Oberarm an beiden Enden Ösen erhält. Um die Drähte können zur Formung der Arme einige Schichten in Kleister getauchte Papierschnitzel gewunden (k) oder dicke Holzperlen aufgefädelt werden (l). Das untere Ende des Unterarms wird durch eine aus Pappe geschnittene Hand gesteckt (m) und dann mit Zeitungspapier überkleistert. Die Drähte an Schultern (n) und Ellbogen (o) erst ineinanderhaken, wenn die Arme gut getrocknet sind. Einen oder auch zwei Führungsstäbe für die Hände aus dünnen Hölzchen oder Metallstäbchen kann man mit feinem Draht und einem Tupfen Kontaktkleber an den Händen befestigen (s). Eine dünne Lage Schaumgummi, um den starren Papiermaché-Rumpf geklebt, erleichtert das Befestigen des Kostüms an der Puppe.
Jetzt den Stab mit dem Kopf in das Halsloch des Rumpfes stecken und dicht darüber mit dünnem Bindfaden oder Draht umwinden, so daß ein dicker Kragenwulst (p) entsteht, der verhindern soll, daß der Kopf zu tief zwischen die Schultern rutscht. Die Stelle noch gut mit Klebstoff bestreichen.

Das Gespenst – eine Stabpuppe von wandelbarer Größe

Zu einer richtigen Puppenbühne gehören Figuren, die „magisch" größer und kleiner werden können.

Material: Zeitungspapier, Plastiktüte, Draht, Rundstab, zwei Lockenwickler, zwei Joghurt- oder sonstige Becher aus Plastik, kräftiger Zwirn und feinerer Nähfaden, dünner Baumwollstoff, Holzbrettchen 75 × 25 × 6 mm, Farben, Kontaktkleber, Stärkekleister, zwei Perlen.
Werkzeug: Schere, Zange, Stecknadeln, Nähnadeln, Lineal, Bohrer, Malpinsel, Säge, Messer oder Stechbeitel.

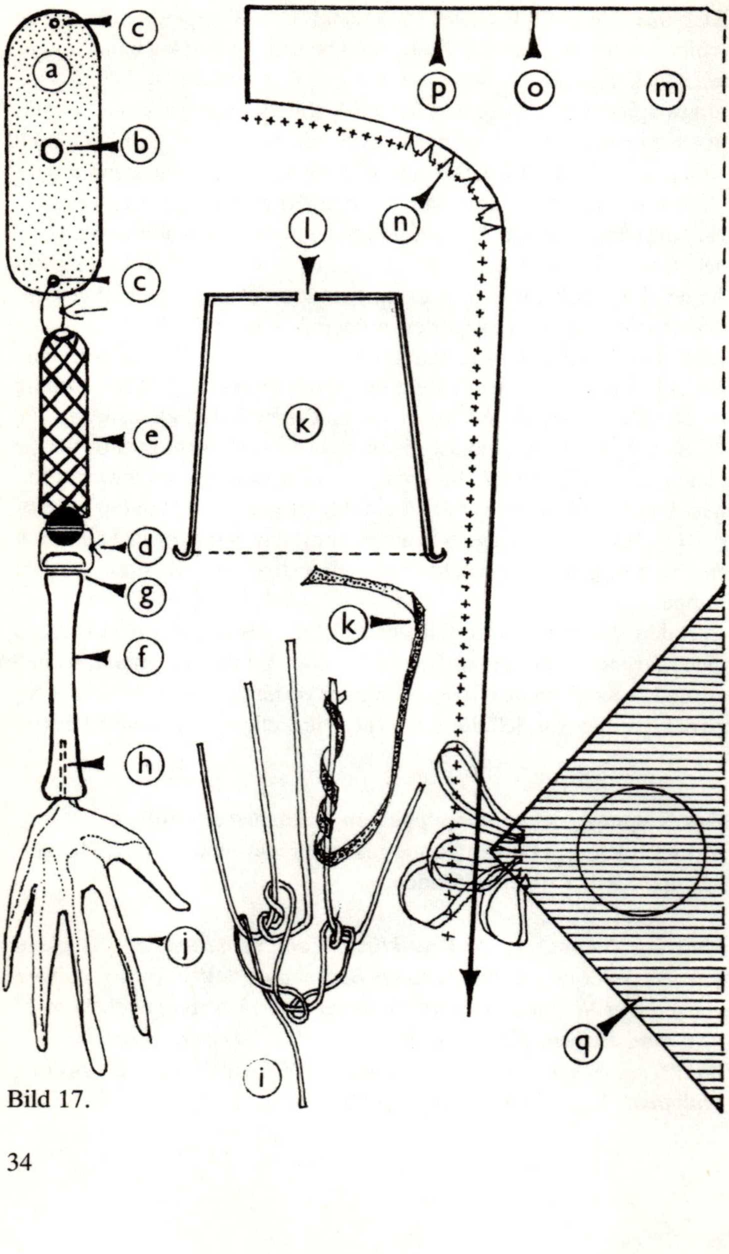

Bild 17.

Zuerst aus dem Holzbrettchen nach *Bild 17* die Schulterleiste (a) arbeiten, also die Ecken mit der Säge abrunden und mit Sandpapier glätten. In die Mitte ein großes Loch zum Durchstecken des Rundstabs (b) und zwei kleinere Löcher für die Schultergelenk-Fäden (c) bohren. Durch letztere starken Zwirn ziehen und die Lockenwickler (e) anknüpfen. Aus dem Rundholz knochenartig geformte Unterarme (f) schnitzen und an Ellbogen (g) und Handgelenk (h) durchbohren. Die Perlen in die Lockenwickler kleben, durch das Loch der Perle und das Loch im Unterarm (g) einen kräftigen Faden ziehen und verknoten (d). Für die langfingrigen Hände Drahtgerippe (i) biegen und diese mit Kleister und Zeitungspapierschnipseln polstern, bis die Hände Gestalt annehmen (j). Dann die Hand am Handgelenk festkleben (h). In die beiden Plastikbecher (k) Löcher zur Aufnahme des Mittelstabs (l) bohren. Die Schulterleiste mit den anhängenden Armen 5 cm unter der Spitze des Stabs festkleben, dann einen der Becher 2,5 cm weiter unten ankleben, wie *Bild 18* (t) zeigt, und alles trocknen lassen.

Für das Gewand zwei Teile (m)

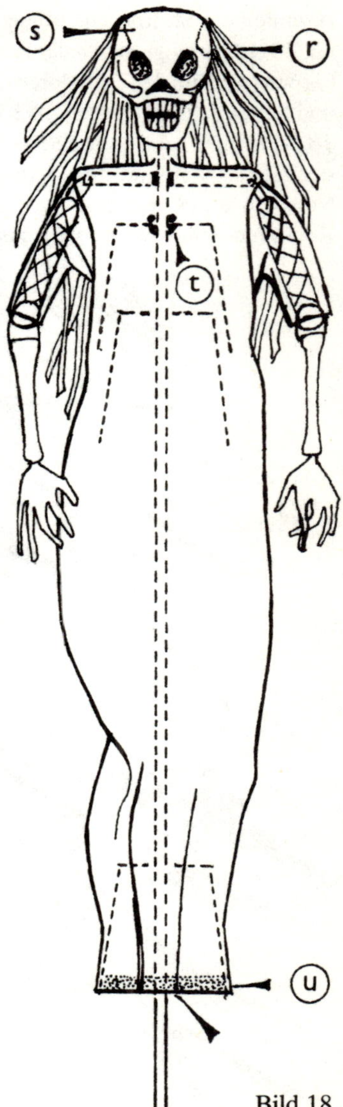

Bild 18.

zuschneiden, Stoffbruch entlang der punktierten Linie, Gesamtlänge auf 40 cm verlängern. An der Rundung die Nahtzugabe mehrmals einkerben (n). Nun den Stab durch das Halsloch stecken und die Schulter- und Seitennähte schließen. Aus Papiermaché einen Kopf wie auf *Bild 18* (s) formen (Anleitung Seite 24 ff.). Unten eine Öffnung zum Einstecken des Stabs anbringen und diesen mit Kontaktkleber befestigen. Nun von unten den zweiten Becher auf den Stab stecken und den Rocksaum rings um den Becherrand festkleben (u). Dieser Becher

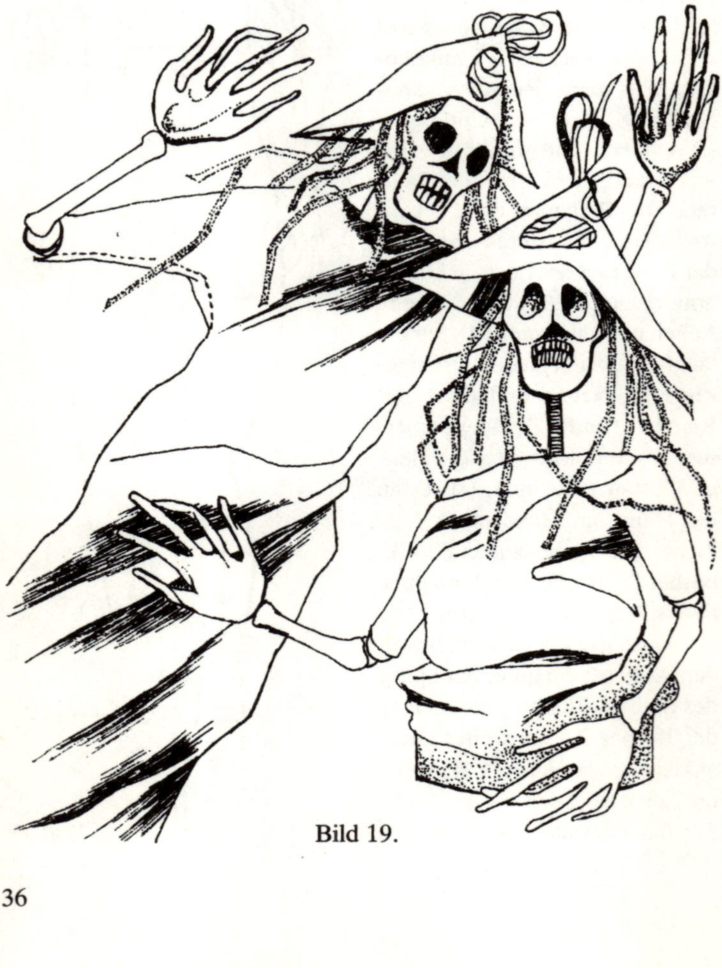

Bild 19.

kann beim Spiel am Stab auf- und abgeschoben werden, so daß die Puppe größer oder kleiner erscheint. Das Haar entsteht aus streifig geschnittener Plastikfolie. Der Hut nach *Bild 17* (q) wird zum Schluß aufgeklebt, und damit ist die Figur fertig zum Bemalen *(Bild 19)*.

Stabpuppen aus Plastikflaschen

Material: Plastikflaschen verschiedener Form, Korken oder Tischtennisbälle als Köpfe, Draht, Lockenwickler und Balsaholzstücke für die

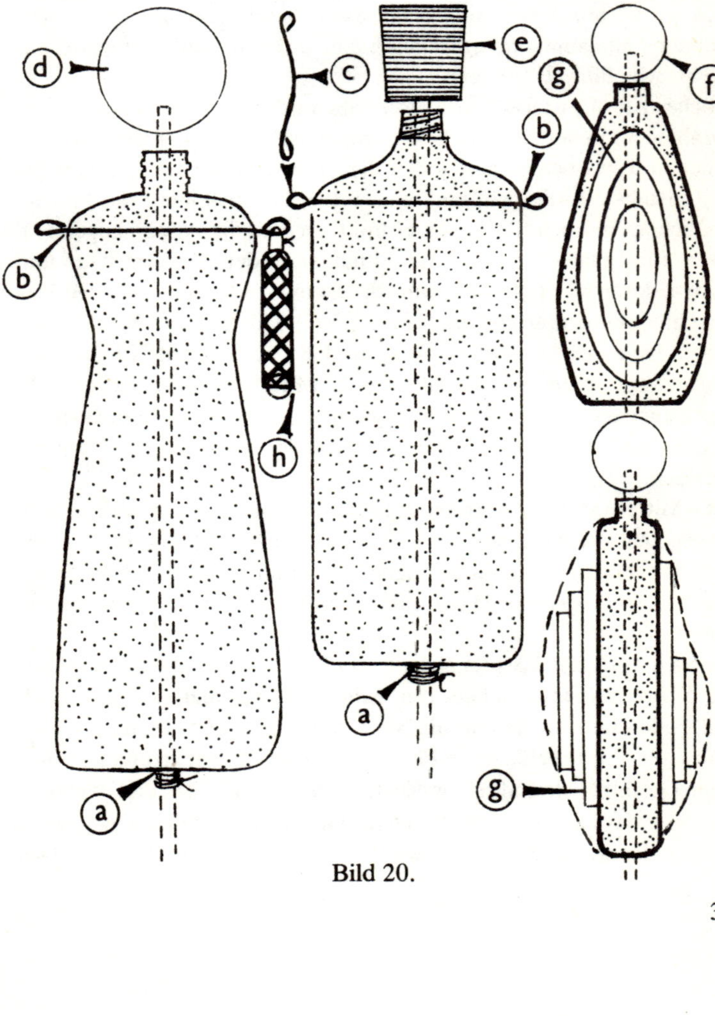

Bild 20.

Arme, Rundstäbe, Ringschrauben, starker Zwirnsfaden, dünne Schaumgummiplatten zum Auspolstern, Farben, Stoff und Zutaten für die Kostüme, Kontaktkleber.
Werkzeug: Zange, Ahle, Schere, Lineal, Messer, Sandpapier.

Plastikflaschen gibt es in vielen Formen und Größen, die sich gut für Puppenfiguren eignen. Manchmal regt schon die Flasche zu einer bestimmten Figur an, aber oft muß der Körper noch modelliert werden, was am besten durch Auflegen entsprechend zurechtgeschnittener, dünner Schaumgummilagen geschieht, die man schichtenweise anklebt, wie *Bild 20* (g) zeigt.
Löcher zum Einstecken von Holzstäben oder zum Durchziehen von Draht werden mit einer im Feuer erhitzten Ahle in die Flasche eingestochen. Ein Loch ist am Boden der Flasche zum Durchstecken des Mittelstabs erforderlich, und in Schulterhöhe bekommt die Flasche seitlich je ein Loch für den Querdraht, an dem die Arme hängen (b). Dazu führt man ein Stück Draht durch eines der Armlöcher ein und zum anderen wieder heraus; dann drückt man mit einer durch den Flaschenhals eingeführten Rundzange oder einem Schraubenzieher den Draht in der Mitte etwas zur Seite, so daß er eine leichte Biegung erhält (c) und später den durchlaufenden Mittelstab nicht berührt. Mit der Zange die beiden Enden zur Öse biegen (b). Wenn man Lockenwickler als Arme verwendet, diese mit dünnem Draht an den Ösen befestigen.
Den Mittelstab nun von unten einführen und oben so weit herausragen lassen, daß zur Halslänge noch 2 cm zugegeben sind. Unter dem Flaschenboden den Stab mit kräftigem Zwirn umwickeln und die Stelle mit Klebstoff bestreichen (a), damit die Flasche nicht mehr herunterrutschen kann.
Den Korken oder Tischtennisball anbohren (d, e, f) und als Kopf auf die Spitze des Stabs kleben. Zur Sicherheit kann man den Hals noch mit Faden umwickeln und die Stelle mit Klebstoff betupfen.
Die in der Mitte schlankere Flasche auf *Bild 20* regt zu einer weiblichen Gestalt in altmodischem Kostüm an, und *Bild 22* zeigt, wie daraus eine zierliche Schäferin entsteht. Die Arme bestehen aus je zwei weißen Lockenwicklern, die wie bauschige Tüllärmel wirken. Das

Kleid der Puppe wird aus einem hübsch gemusterten Platzdeckchen aus weichem Plastikmaterial zugeschnitten. Dazu ein gerades Stück in passender Länge abschneiden, wobei der bogenförmige Bordürenrand den Rocksaum bildet. Die Einbuchtung der Flasche als Taille mit Klebstoff bestreichen, das Plastikmaterial ringsum in Fältchen anordnen und andrücken. Darauf die Längsnaht am Rücken zukleben. An den Schultern das Material passend zurechtschneiden und festkleben, um die Taille ein Band oder ein Stück Borte binden. Aus einem Rest des Plastikmaterials einen großen Kreis schneiden und am Rand mit Faden einreihen, so daß sich durch Einkräuseln eine bauschige Haube ergibt, die auf dem Kopf leicht festgeklebt wird. Vom gebogenen Rand des Deckchens sind vielleicht noch ein paar Stücke übrig, die als Rüsche um die Haube drapiert werden können. Ein Stück Peddigrohr, über Dampf zurechtgebogen, ergibt den Hirtenstab.

Aus einer Plastikflasche, die nicht ganz so schwungvoll geformt ist, läßt sich vielleicht eher ein männliches Wesen basteln.

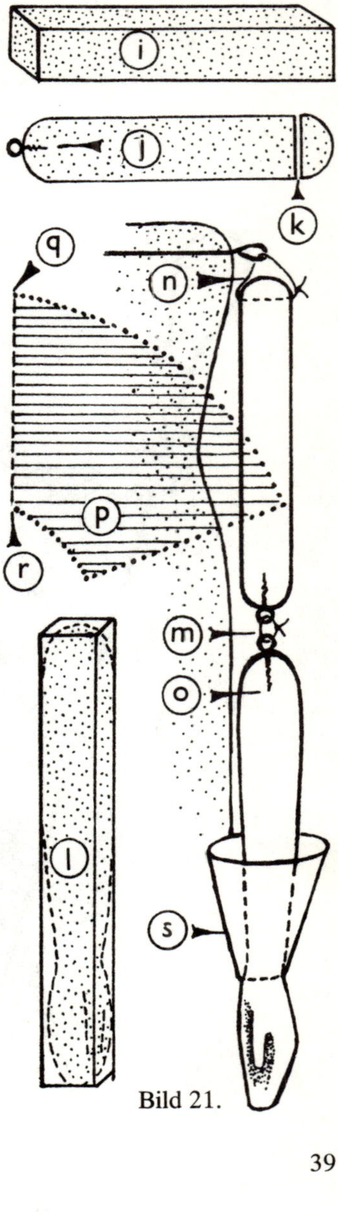

Bild 21.

Bild 22.

Marionetten: Puppen an Fäden

Während man Hand- und Stabpuppen von unten bewegt, werden Marionetten von oben geführt. Benutzt man eine Bühne, muß der Spieler dazu auf einem Arbeitssteg, der sogenannten Brücke, stehen. Es kann jedoch auch viel Vergnügen bereiten, die Puppen ohne Theater zu präsentieren, wie es zum Beispiel der im Kabarett auftretende Puppenspieler tut. Obwohl viele Marionetten in Anfertigung und Handhabung sehr kompliziert sind, können mit den einfacheren Typen selbst Kinder großen Spaß haben. Hier kommt es darauf an, nur ganz wenige Spielfäden zu verwenden, sonst endet die Vorstellung mit Geknäul und Geheul.

Im folgenden Abschnitt werden eine Reihe verschiedener Bauprinzipien beschrieben, an denen sich Bastler je nach Fertigkeit und Neigung versuchen können. Viele werden vom Marionettenmachen durch die gängige Meinung abgehalten, dazu müsse man im Umgang mit Schreinerwerkzeug sehr erfahren und geschickt sein. Wir beschreiben daher einige andere Wege zur Puppenherstellung. Man kann sie zum Beispiel auch schneidern, oder man verwendet Material, das sich mit einem guten, scharfen Messer bearbeiten läßt. Immer sollte man beachten, daß sich Marionetten besser führen lassen, wenn sie nicht zu leicht sind. Das Hauptgewicht sollte in den unteren Körperteilen liegen, damit man beim Spiel die Beinbewegungen deutlich spürt. Auch wenn der Spieler noch so fingerfertig ist, sollten doch immer möglichst wenige Spielfäden verwendet werden, denn verhedderte Fäden sind äußerst hinderlich. Wie beim Entwerfen anderer Puppentypen muß man sich auch bei einer Marionette von den Bewegungen leiten lassen, die sie ausführen soll, und darauf die Figur aufbauen, so daß der Spieler die Puppe später nach seinen Vorstellungen führen kann, anstatt sich mit Bewegungen zu begnügen, die sich bei der fertigen Figur rein zufällig ergeben. Das Wichtigste ist, von der Vorstellung loszukommen, die Marionette sei eben ein kleines Geschöpf in der Hand eines Riesen.

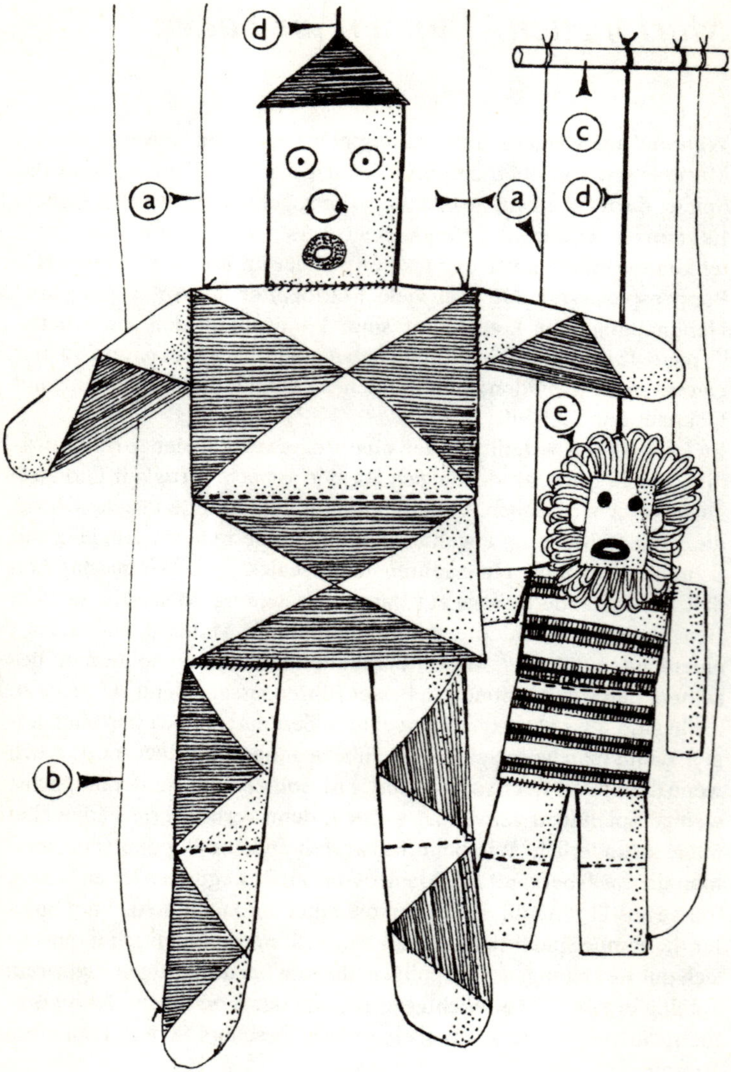

Bild 23.

Da Marionetten meist von unten betrachtet werden, ist es notwendig, daß der Oberkörper mächtiger und länger als der Unterkörper ist. Der Betrachter rückt aus seinem Blickwinkel die Proportionen wieder zurecht. Außerdem lassen sich die Beine besser bewegen; sie schlenkern nicht so stark, wenn man sie durch einen schwereren Oberkörper belastet.

Einfache Marionetten aus Stoff

Ganz einfache Puppen, wie sie *Bild 23* zeigt, können schon von jüngeren Kindern gearbeitet werden. Rechtecke aus Stoff werden zu Säckchen zusammengenäht und mit Watte, Sägemehl oder Schaumgummistückchen ausgestopft. Dann werden die Säckchen geschlossen und schließlich aneinandergesetzt. An den Schultern (a) und an einem Bein (b) befestigt man Fäden und knüpft diese an den Haltestab (c). Der Kopf wird mit dem Stab durch ein Stück schwarze Gummischnur (d) verbunden; zieht man daran nach unten, nickt die Puppe mit dem Kopf. Wer die Stoffe einfallsreich zusammenstellt, kann sehr reizvolle Puppen gestalten, die sich dann noch hübsch ausschmücken lassen, wie es die kleine Figur mit ihrer Haarpracht aus groben Wollschlingen zeigt (e).

Harlekin und Columbine

Diese kleinen Komödianten haben Köpfe aus Papiermaché, wie auf Seite 24ff. beschrieben.

Material für den Harlekin: Ein Strumpf, Material zum Ausstopfen, Filz, Plastikfolie, Nähfaden, Rüsche oder Fransenborte, Rundstab 15 cm lang, Gummischnur, starker Zwirnsfaden, Latexkleber (Uhu – Patex – Bison, usw.).
Werkzeug: Schere, Näh- und Stecknadeln, Lineal, Bleistift.

Harlekin: Nach *Bild 24* (a) ein 45 cm langes Stück von einem Strumpf abschneiden und den Umriß der Beine erst mit Steppstichen abnähen und dann dazwischen aufschneiden (b). Den Strumpf wenden und die Beine bis zu den Knien ausstopfen, dann zweimal in Kniehöhe abnähen (c). Nun den oberen Teil der Beine ausstopfen und wieder abnä-

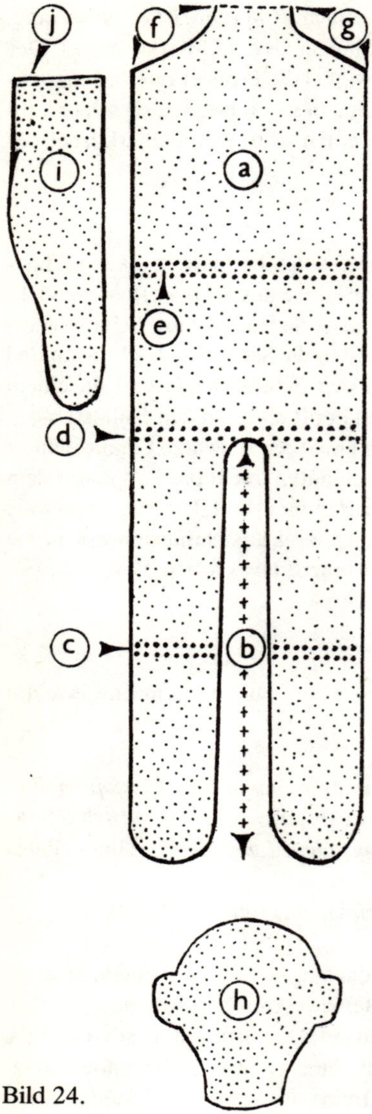

Bild 24.

hen (d), dann bis zur Taille ausstopfen und abnähen (e). Weiter ausstopfen, jetzt bis dicht an den Hals, die Schulternähte (f) und (g) schließen und den Rumpf vollends ausstopfen. Den Halsansatz des vorher angefertigten Kopfes (h) in die Halsöffnung des Strumpfes kleben. Die Arme entstehen aus zwei Teilen (i), Stoffbruch entlang der geraden Kante. Zusammennähen und ausstopfen, die Oberkante zunähen, mit dem Nähfaden anreihen (j) und an den Schultern befestigen. Nun fehlt nur noch das Kostüm.

Der Hut wird entweder aus Plastikfolie oder aus Filz entsprechend *Bild 25* (k) doppelt zugeschnitten und wie angegeben zusammengenäht. Den Besatz aufnähen, dann den Hut auf dem Kopf festkleben. Aus Filz Rauten ausschneiden (l) und auf Rumpf und Schenkel kleben. Ein Umhang aus Filz wird an den Schultern befestigt und mit einem dekorativen Knopf geschmückt (m). Den Hals schmückt ein Stück Fransenborte oder eine Rüsche (o). Die Stiefelstulpen werden aus Plastik geschnitten und um die Beine geklebt

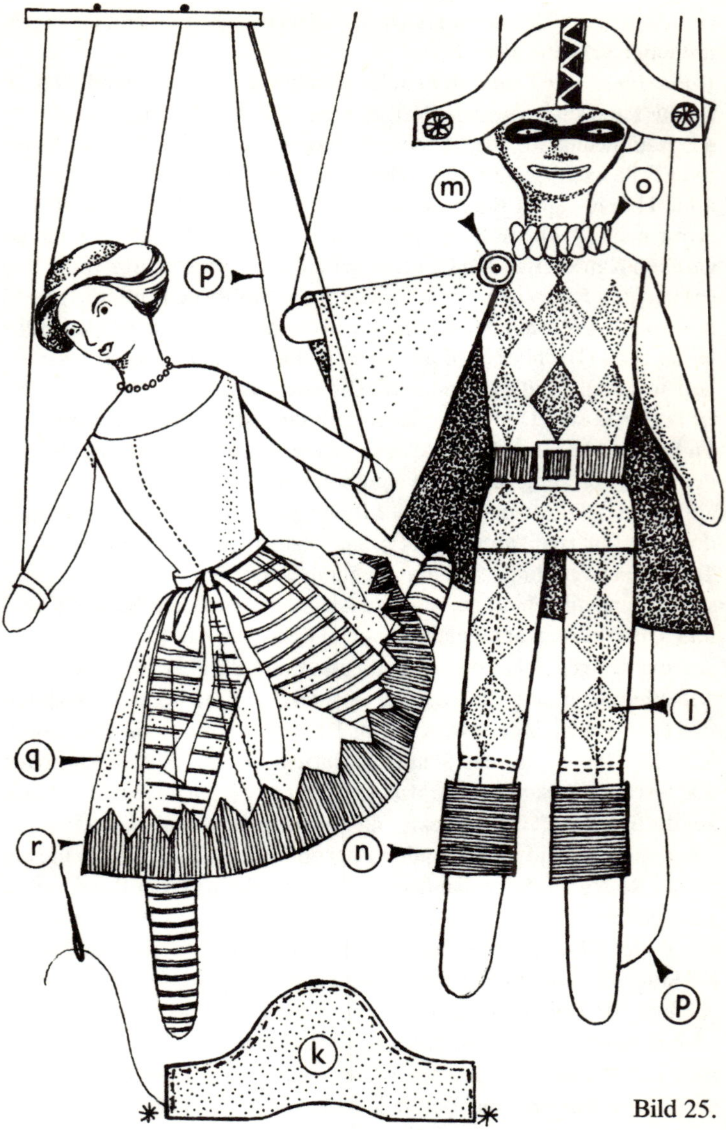

Bild 25.

(n). Zum Schluß kann man noch einen Gürtel aus Plastik umlegen und mit einer Schnalle schließen.

Columbine: Der Kopf mit Schulteransatz wird entsprechend *Bild 26* (n) aus Papiermaché modelliert. Arme und Beine der Puppe bestehen aus Baumwollstoff, das Mieder aus einem Rest Samt. Für die Beine zwei Teile nach *Bild 26* (a) zuschneiden, wobei (e)–(f) Stoffbruch sein muß. Hierzu eignet sich besonders gut ein quergestreifter Stoff. Die Arme nach (d) ebenfalls doppelt zuschneiden (Stoffbruch entlang der geraden Kante). Für den Oberkörper die Vorderpartie in zwei Teilen (b) und den Rücken in einem Stück (c) mit Stoffbruch entlang (g)–(h) zuschneiden. Zusammengenäht wird von links. Erst die vordere Mittelnaht (k)–(l) schließen, dann Vorder- und Rückenteil zusammennähen, wobei die Taille offen bleibt. Die Arme zusammennähen und bei (m) offen lassen. Den Unterkörper mit den Beinen zusammennähen, Taille offen lassen. Alle Teile nach rechts wenden. Nun die Beine von der Taillenöffnung her bis in Kniehöhe ausstopfen und hier doppelt abnähen (i). Die obere Hälfte der Beine ausstopfen und ebenfalls eine doppelte Quernaht anbringen (j), dann bis obenhin ausstopfen und die Taille überwendlings zusammennähen. Jetzt den Oberkörper ausstopfen und auch hier die Taille zusammennähen. Zum Schluß Ober- und Unterkörper aneinandernähen. Die Arme bis (m) ausstopfen, entlang der gestrichelten Linie abnähen und darüber die Oberkante schließen; so bleibt ein schmaler Armansatz ohne Füllung, wodurch sich der Arm leichter bewegen läßt. Dann die Arme am Körper annähen. Die Innenseite des Schulteransatzes mit Klebstoff bestreichen und fest auf das Samtmieder drücken. Gut trocknen lassen. Den Rock aus duftigem Stoff nähen, etwa Tüll oder Organdy. Auf *Bild 25* ist der Saum mit einer silberglänzenden Zackenborte verziert. Die Arme erhalten Reifen aus Silberband, und um die Taille wird ein Band locker zur Schleife gebunden.

Die Fadenführung ist bei beiden Puppen ähnlich. In eine Sticknadel ein Stück Gummifaden einfädeln und damit den Kopf quer durchstechen. Beide Enden am Querstab aus dem Rundholz befestigen; der Gummifaden kann entweder am Stab festgeknotet oder durch ein Bohrloch im Stab gezogen und hinter einer Holzperle verknotet werden. Für die Arm- und Beinfäden starken Zwirnsfaden verwenden

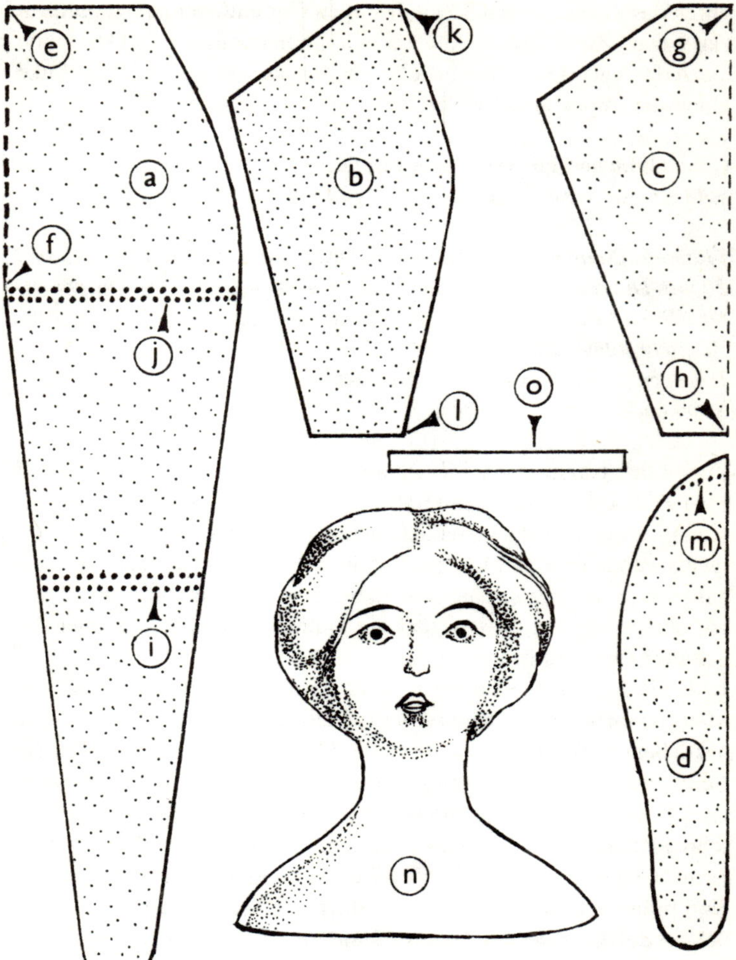

Bild 26.

und ausprobieren, welche Länge fürs Bewegen der Gliedmaßen am günstigsten ist. Auf *Bild 25* sind die Beinfäden mit (p) bezeichnet. Läßt man die freischwebende Puppe sacht hüpfen, so bewegt sie sich durch das Zusammenspiel zwischen dem Gummifaden und dem nicht elastischen Zwirnsfaden. Außerdem kann man mit der rechten Hand die Arm- und Beinfäden anziehen und loslassen, während die linke Hand die Puppe am Querstab trägt.

Ganz einfache Marionette aus Plastikrohr

Bild 31 auf Seite 54 zeigt die fertige Puppe.

Material: Baumwollstoff, Kleie oder Sägemehl, Plastikrohr von 12 und 20 mm Durchmesser, Holzkugel oder Plastikball von 5 cm Durchmesser, Band, Karton, starker Zwirnsfaden, Nähfaden, Vorhangring, Ringschrauben, Kontaktkleber.

Werkzeug: Ahle, Näh- und Stecknadeln, Lineal, scharfes Messer, Stricknadel.

Zuerst den Rumpf nach *Bild 27* anfertigen; dazu aus Baumwollstoff zwei Teile (a) zuschneiden (Nahtzugabe noch berücksichtigen). Seitennähte und Unterkante schließen, (b)–(c) vorerst offen lassen. Nach rechts wenden und mit Kleie oder Sägemehl füllen. Nun die Schulternaht überwendlings zunähen und dabei einen Vorhangring von 25 mm Durchmesser so mitfassen, daß die Hälfte am Halsansatz über die Schulternaht herausragt.

Jetzt die Rohrstücke für Arme und Beine zuschneiden. Wenn das Material nicht ganz gerade ist, läßt es sich ausrichten, indem man es in kochendes Wasser taucht, streckt und in kaltes Wasser hält. Für die Beine Rohrstücke von 20 mm Durchmesser verwenden und davon je zwei Teile von 10 cm (e) und (g) und von 9 cm Länge (i) und (k) abschneiden. Die Arme entstehen aus dem 12 mm starken Material; hier braucht man je zwei Stücke von 9 cm (s) und von 7 cm (u) Länge.

Nun präge man sich die Skizzen (o), (p) und (n) gut ein. (n) ist der Schnitt durch ein waagrecht abgeschnittenes Rohrstück; (p) zeigt, wie das Ende mit einem Messer säuberlich im Winkel von 45° abgeschrägt wird, um den Querschnitt (o) zu erhalten. Zunächst die oberen Beinteile zur Hand nehmen und an beiden Enden (j) und (m) abschrägen, wie es (i) von der Seite zeigt. Nun wie bei der Vorderansicht (k) zwei kleine Löcher mit der erhitzten Ahle einstechen (l). Als nächstes sind

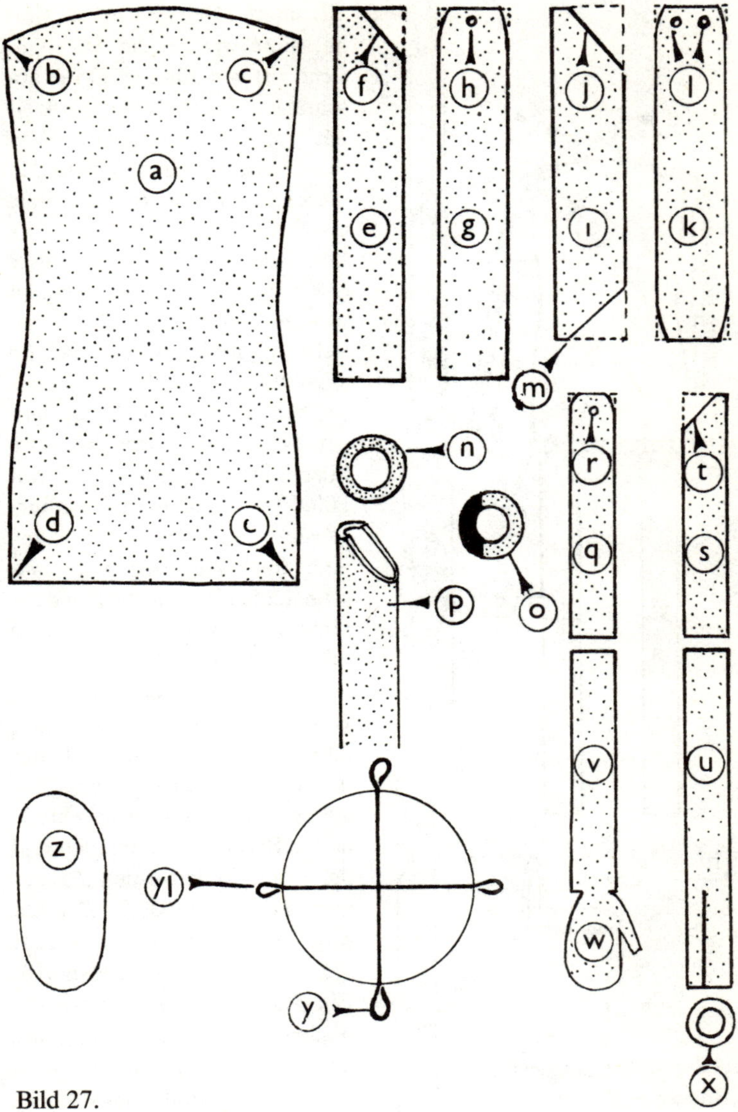

Bild 27.

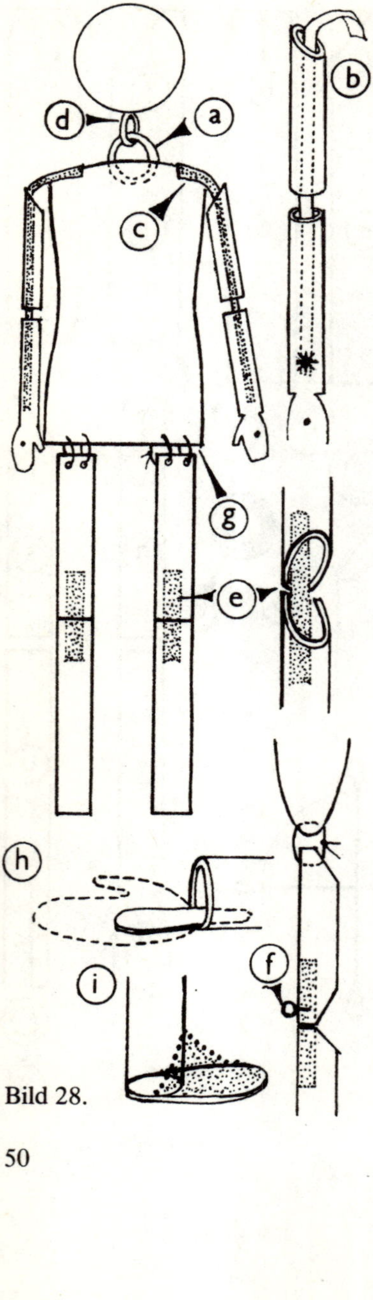

Bild 28.

die unteren Beinteile an der Reihe; diese wie bei der Seitenansicht (e) am oberen Ende abschrägen (f). Auch hier ein kleines Loch (h) einstechen, wie es die Vorderansicht (g) zeigt. In dieses Loch eine Ringschraube eindrehen und festkleben.

Die Seitenansicht des Oberarms (s) zeigt, wo hier abgeschrägt werden muß (t); die Vorderansicht (q) gibt an, wo ein Loch (r) anzubringen ist. Der Unterarm (u) bekommt einen 25 mm langen Schlitz, von dem aus dann quer eingeschnitten wird. Mit Hilfe von heißem und kaltem Wasser wird dann dieses Rohrende flach aufgebogen; hieraus schneidet man dann die Hand zurecht (w). Aus steifem Karton zwei Teile (z) als Sohlen zuschneiden. Als Kopf dient eine Kugel von 5 cm Durchmesser, entweder eine Holzkugel aus dem Bastlergeschäft oder ein Plastikball aus dem Spielwarenladen. Bis auf die Spielfäden sind damit alle Teile für den Zusammenbau vollständig. *Bild 28* zeigt, wie es gemacht wird. Erst die Arme zusammenfügen (b): Ein Stück Band wird durch die beiden Abschnitte gezogen und bei (x) festgeklebt (Klebestelle mit einer durch das Rohr gesteckten Stricknadel andrücken). Das obere Ende des Bandes an der Schulter gut festnähen (c). Die Beinteile werden am Kniegelenk mit einem Stückchen Band verbunden, das man bei (e) über und unter dem Gelenk festklebt. Dabei aufpassen, daß das Gelenk selbst nicht mit Klebstoff zugeschmiert und dadurch steif wird. Dicht über dem Knie ein Loch in das obere Teil stechen und eine kleine Ringschraube (f) einkleben. Nun die Beine mit starkem Zwirnsfaden durch die vorbereiteten Löcher (g) am Körper festnähen. Zur Gestaltung der Holzkugel für den Marionettenkopf verwendet man wiederum Holzkitt. Dieser läßt sich, wie auch das feingemahlene, gekaufte Pappmachémehl, leicht verformen und wie Knet oder Kitt anfügen. Anschließend kann man ihn wie normales Holz bearbeiten.

Zur Befestigung des Kopfes ein Loch in die Holzkugel bohren und eine Ringschraube (d) einsetzen. Die Öse mit der Zange aufbiegen, den Vorhangring (a) einhängen, dann die Öse wieder zum Ring biegen. Damit sind Kopf und Hals verbunden. Für die Fäden, an denen der Kopf hängen soll, noch zwei kleine Ringschrauben seitlich rechts und links in die Kugel eindrehen. Dient ein Plastikball als Kopf, muß ein Draht der Länge nach durchgezogen werden, wie es *Bild 27* (y) zeigt. Das untere Ende wird durch den Vorhangring gezogen und zur Öse gebogen. Ein zweiter, quer eingezogener Draht (yl) erhält rechts und links Ösen zum Durchziehen der Kopffäden. Die Füße kann man nach Ankleben der Pappsohlen an die unteren Beinenden aus Papiermaché modellieren, wie es *Bild 28* (i) zeigt. Zur Verstärkung der Hände ein Stück Draht (h) ankleben.

Bild 29 zeigt das für diesen Marionettentyp erforderliche Spielkreuz. Zunächst von einer Pappröhre von 25 mm Durchmesser ein 18 cm langes Stück (a) abschneiden. Etwa 25 mm vom oberen Ende ein Loch einstechen, einen starken Schraubhaken oder ein entsprechend zurechtgebogenes Stück starken Draht (b) durchstecken und die Einstichstelle gut verkleben. An diesem Haken wird der Führungsstab für die Beine, ein 18 cm langes, 8 mm starkes Stück Rundholz (c) aufgehängt. Dazu um die Mitte des Rundstabs eine Drahtschlinge (d) winden. Den Stab an beiden Enden wie bei (e) einkerben. In die Pappröhre mit einer spitzen Ahle Löcher zur Aufnahme der Drähte für die Arme (f) einstechen. Diese Drähte werden am Ende zu Ösen gebogen,

Bild 29.

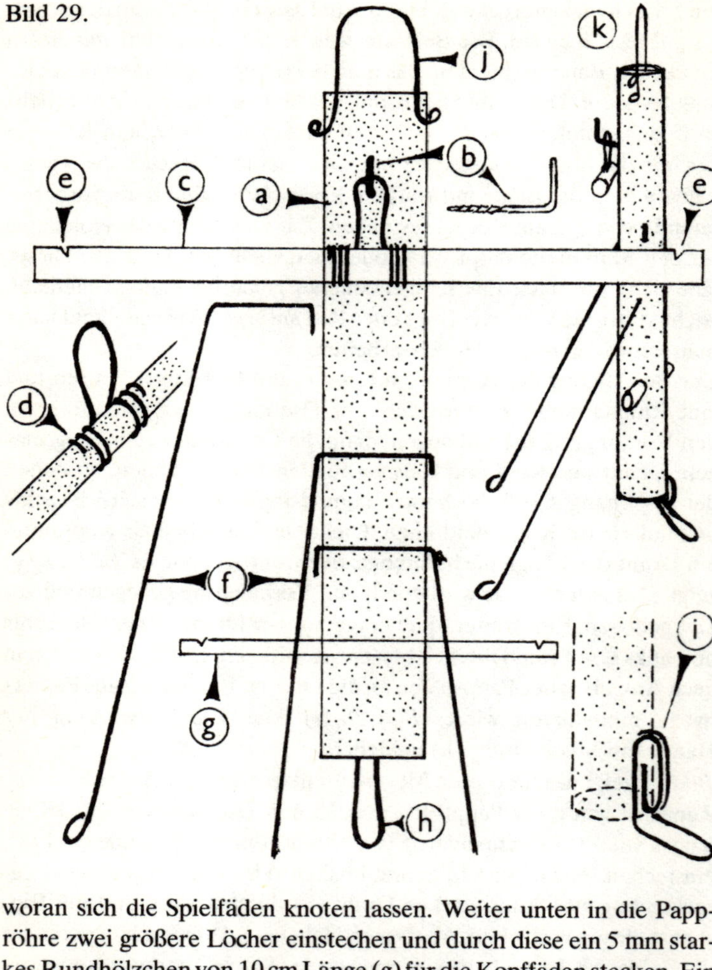

woran sich die Spielfäden knoten lassen. Weiter unten in die Papp-röhre zwei größere Löcher einstechen und durch diese ein 5 mm starkes Rundhölzchen von 10 cm Länge (g) für die Kopffäden stecken. Ein zusätzlicher Faden, der die Puppe sich verbeugen läßt, kann an einer Drahtschlinge (h) angebracht werden. Dazu ein 8 cm langes Stück Draht doppelt nehmen und es von innen durch ein Loch nahe dem unteren Ende der Pappröhre stecken. Die Enden wie bei (i) um die Kante führen und mit Hilfe einer Zange in die Röhre zurückbiegen. (k) zeigt die Seitenansicht dieser Vorrichtung. Damit die Puppe aufgehängt werden kann, solange sie nicht benutzt wird, zwei Löcher etwa 2–3 cm unter dem oberen Ende der Papprohre einstechen, ein 10 cm langes Stück Draht durchziehen und zur Schlinge hochbiegen, wie (j) zeigt. Ehe die Figur an den Spielfäden befestigt wird, sollte sie angekleidet werden. Für Hose und Hemd verwendet man weichen Baumwollstoff; dünnes gewirktes Material wie Trikot eignet sich gut dazu. Jedes Stück wird in zwei Teilen nach *Bild 30* (l) und (m) zugeschnitten, Stoffbruch jeweils entlang der gestrichelten Linie, 5 mm Nahtzugabe hinzurechnen. Die Hosennähte schließen und die Hose um die Taille der

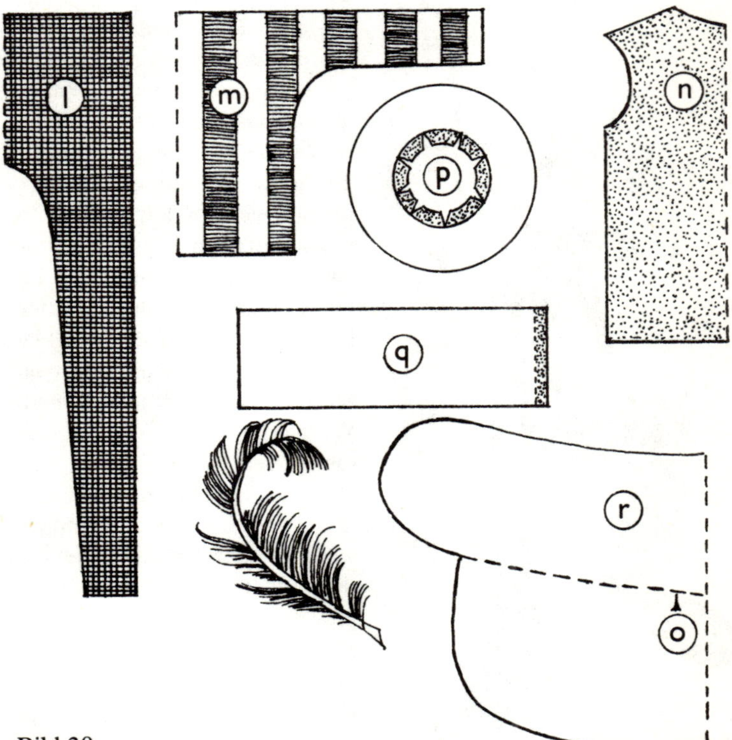

Bild 30.

Bild 31.

Puppe festheften. Die Seitennähte am Hemd schließen, es der Puppe überziehen und nun an den Schultern zunähen. Das Rückenteil der Weste in einem Stück (n) zuschneiden (gestrichelte Linie auf Stoffbruch). Die beiden Vorderteile nach dem gleichen Schnitt, jedoch getrennt schneiden. Die Weste zusammennähen und überziehen. Filz wäre hierfür ein geeignetes Material. Den Hut ebenfalls aus Filz zuschneiden; (p) ist die Krempe, (q) das Kopfteil. Eine Feder dient als Schmuck. Das Schnittmuster für den halben Kragen ist in Originalgröße gezeichnet; aus doppeltem weißem Filz mit Stoffbruch entlang der geraden Kante zuschneiden, die gestrichelte Linie (o) markieren und umkniffen und den Kragen um den Hals kleben oder anheften. Ein paar Strähnen aufgezwirbelte Schnur, Werg oder dicke Wolle ergeben die Haare.

Für die Spielfäden verwendet man kräftigen Zwirn. Begonnen wird am Kopf. Die Länge der Fäden richtet sich nach der Körpergröße des Spielers und seiner Stellung beim Spiel. Die Kopffäden an den Drahtösen oder Ringschrauben seitlich am Kopf und an den Kerben im zugehörigen

Haltestab festknüpfen; dazu liegt die Puppe am besten flach. Beide Fäden müssen gleich lang sein. Nun die Beine ebenso befestigen: die Fäden an die Ringschrauben in den Kniegelenken und in die Kerben am Bein-Haltestab knoten und dabei in der Länge genügend Spielraum lassen, damit der Stab vom Aufhängehaken abgehoben werden kann, ohne daß sich die Beine bewegen. Die Puppe aufhängen und einen Faden am unteren Rumpfende festnähen; diesen an der Drahtschlinge unten an der Papprõhre (fürs Verbeugen) befestigen, jedoch in der Länge auch hier etwas Spielraum zugeben. Die Hände durchstechen und einen Faden mit Knoten am Ende durchziehen. Das freie Ende durch die Ösen am Ende der zugehörigen Führungsdrähte ziehen. Am besten wirkt es, wenn die Armfäden in der Länge verschieden sind und ein Arm ganz leicht angehoben ist. Alle Knoten mit Klebstoff sichern, damit sie nicht aufgehen.

Puppen aus Papier und Karton

Material: Karton und Papier in verschiedenen Stärken, Perlen, Knöpfe, Büroklammern, Zwirnsfaden, Klebeband, Kontaktkleber, Musterklammern, Farben, dünnes Rundholz oder Bambusrohr für die Führungsstäbe.
Werkzeug: Lineal, Schere, Nadeln, Malpinsel, Locher (wenn vorhanden).

Diese Figuren sind sehr einfach anzufertigen, und obgleich fürs Bewegen nur ganz wenige Hilfen nötig sind, lassen sich viele Gesten wie Gehen, Bücken, Nicken und Kopfschütteln darstellen, sofern die Stäbe leicht federn. Die Gelenke sollten ziemlich leichtgängig sein, aber Knoten im Faden sollten immer mit Klebstoff gesichert werden, damit sie nicht aufgehen.

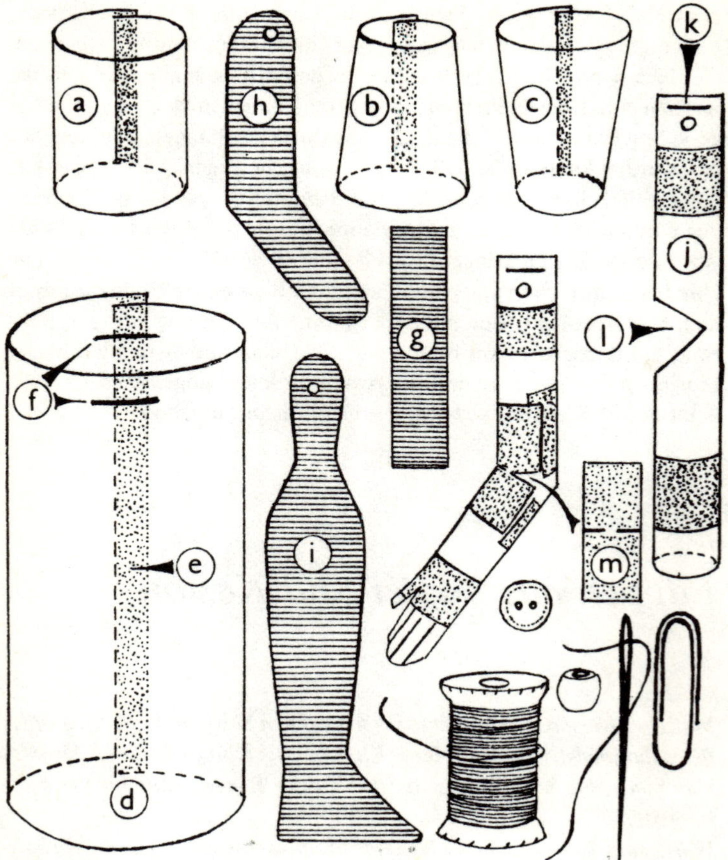

Bild 32.

Bild 33 zeigt das Grundschema für eine Figur mit den wichtigsten Gelenken. Natürlich kann man diese Vorlage nach eigenen Vorstellungen abändern. *Bild 32* zeigt drei verschiedene Kopfformen (a), (b) und (c), aus dem Zylinder oder Kegelstumpf entwickelt; (d) zeigt den Rumpfzylinder, wobei die gepunktete Fläche (e) den Klebefalz bezeichnet. Zwei Schlitze (f), in welche die beiden Halsstreifen (g) genau passen, werden eingeschnitten, die Streifen wie bei *Bild 33* (o) und (p) von innen nach außen durchgesteckt und festgeklebt. Die oberen Enden der Halsstreifen innen am Kopf festkleben, so daß ein guter Halt erzielt wird.

Arme und Beine werden nach *Bild 32* (h) und (i) zugeschnitten. Angebracht werden sie auf ganz einfache Weise, wie der Detailskizze in *Bild 33* genau zu entnehmen ist. Die Nadel durch ein Loch des Knopfes (q) und dann durch das Loch am Oberarm (r) und in den Rumpf (s) einstechen, etwa 6 mm daneben wieder durch den Rumpf ausstechen, durch das gleiche Loch im Arm wie zuvor und durch das zweite Loch im Knopf zurück; zum Schluß den Faden verknoten (t). Zur Befestigung der Beine die Nadel von außen durch den Rumpf stechen, dann durch das Loch oben am Bein und schließlich durch ein Loch des Knopfes (u), auf dem Rückweg durch das andere Loch im Knopf, durch das gleiche Loch im Bein und durch ein etwa 6 mm neben dem Einstich liegendes Loch im Körper heraus; dann

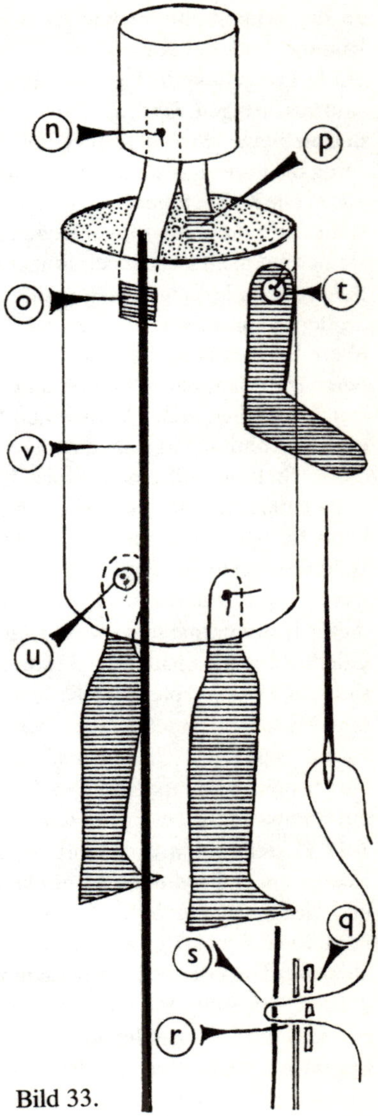

Bild 33.

an der Außenseite verknoten. Einen Haltestab (v) hinten in den Rumpfzylinder einkleben.

Bild 34 zeigt links die Figur als alten Hirten gekleidet. Hut und Mantel sind aus farbigem Seidenpapier (a), das in wirkungsvolle Falten gelegt und an einigen Stellen festgeklebt wird. Ein Stab (b), der auch gleichzeitig als Führungsstab dienen kann, wird an der linken Hand angeklebt. Die rechte Figur zeigt einen der Heiligen Drei Könige. Hier besteht der Rumpf aus einem langen spitzen Kegel, und die Arme und Beine sind nicht aus flachen Stücken, sondern aus Papierröhren. *Bild 32* auf Seite 56 zeigt die Herstellung: Papier zur Röhre rollen (j) und an den gepunkteten Flächen mit Klebeband zusammenhalten. Das obere Ende entweder flachdrücken und zusammenkleben oder es mit einer Heftklammer schließen und darunter ein Loch anbringen (k). Bei den Armen in der Mitte einen V-förmigen Einschnitt machen (l) und die Röhre so knicken, daß die Schnittkanten zusammentreffen. In dieser Stellung mit einem Stück Klebeband, das von beiden Seiten eingeschnitten wurde (m), befestigen. Das untere Ende der Röhre kann flachgedrückt und zur Hand zurechtgeschnitten werden. Die Beine bestehen aus Papierröhren ohne das Knickgelenk; als Schuhe werden spitz zulaufende Papierstreifen angeklebt. Die Befestigung dieser Röhrenarme und -beine ist genau dieselbe wie bei den flachen Gliedmaßen. Der Rumpfkegel kann bemalt werden. Die Manschetten sind aus Seidenpapier, der Kragen (als Kreis mit spitzem Einschnitt und Mittelloch zuschneiden) besteht aus geprägter Goldfolie (d). Bärte, Haare usw. macht man aus streifig geschnittenem dünnem Papier oder Seidenpapier. Der Umhang mit Schleppe ist aus rotem, mit Samtstruktur beschichtetem Papier (e).

Bild 35 stellt einen Engel mit beweglichen Flügeln dar. Hier ist der Körper ein Halbzylinder (f), ein kleiner Zylinder bildet den Kopf (g) und wird mit einem steifen Papierstreifen am Körper befestigt, wie (h) zeigt. Zwei Arme (i) zuschneiden; sie können in starrer Haltung angeklebt werden, oder man kann sie mit Gelenk versehen, wie in der folgenden Anleitung für die Figur der Maria beschrieben. Die Flügel zweimal nach (j) zuschneiden, Löcher (k) anbringen und mit Messing-Musterklammern am Rücken befestigen. Starken Zwirn mit einem Knoten am Ende durch einen Einstich in der oberen Rundung

Bild 34.

Bild 35.

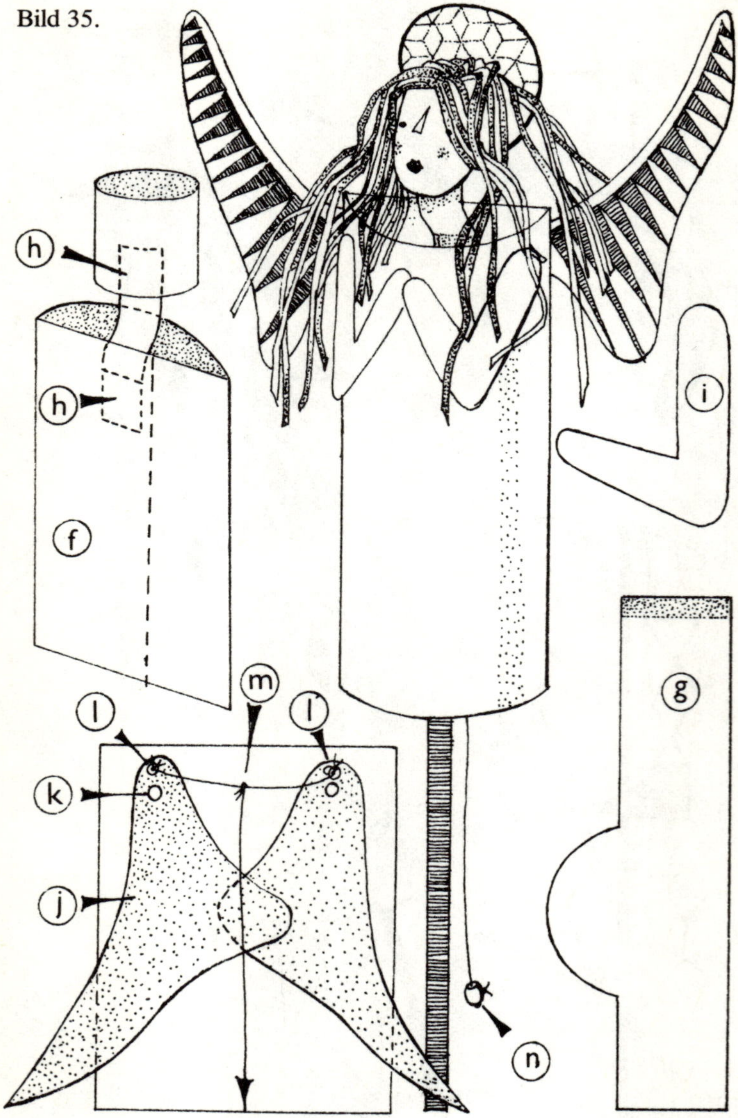

des einen Flügels ziehen, dann den Faden auch durch den anderen Flügel ziehen und hier verknoten. Ein weiteres Stück Faden an den ersten Faden knoten (m), das Ende ein Stück unter dem Körper hervorhängen lassen und unten eine Perle befestigen (n). Wenn man sacht an der Perle zieht, heben sich die Flügel. Sie können bemalt oder mit ausgeschnittenen Papierornamenten beklebt werden. Die Haare entstehen aus Seidenpapierstreifen, und ein Heiligenschein aus Goldfolie wird an den Hinterkopf geklebt. Innen am Rücken entlang noch den Haltestab ankleben. *Bild 36* zeigt schließlich die Figur der Maria, mit kegelförmigem Körper und zylindrischem Kopf, die durch einen steifen Kartonstreifen verbunden sind. Ein Neigen des Kopfes läßt sich bewirken, wenn man einen Faden (o) durch das Kinn zieht, ins Innere des Kegels führt und am unten hervorhängenden Ende mit einer Perle versieht (p). Die Arme werden mit Musterklammern am Körper befestigt (q). Oben am Arm, gegen den Rücken zu, kleine

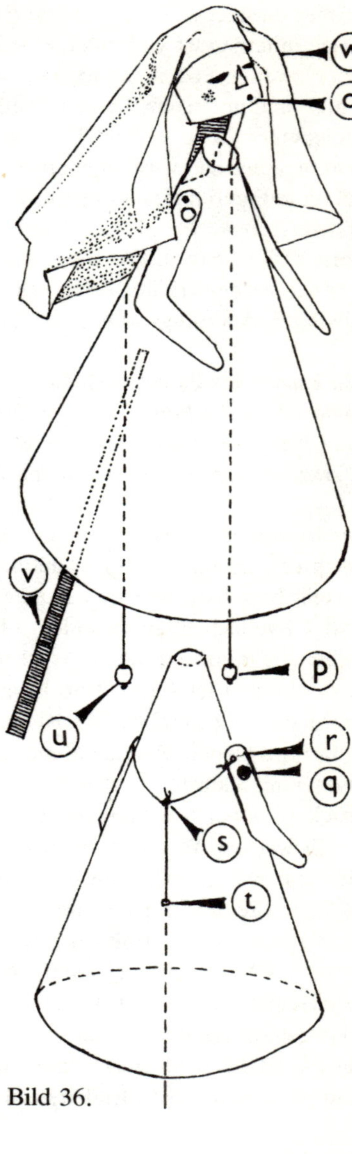

Bild 36.

Löcher einstechen (r) und einen Faden durchziehen, der die beiden Arme miteinander verbindet; er soll leicht durchhängen. Nun bei (s) einen zweiten Faden anknüpfen, diesen bei (t) ins Innere des Kegels führen und unten eine Perle befestigen (u). Der Haltestab (v) wird an geeigneter Stelle angeklebt. Das Tuch um den Kopf ist aus Seidenpapier und wird an ein paar Stellen festgeklebt (w).
All diese Figuren fürs Krippenspiel können mit Plakatfarben bemalt und verziert werden. Eine schillernde Farbwirkung wie auf Glasfenstern erzielt man mit farbiger Tusche. Seidenpapier, das in vielen schönen Farben erhältlich ist, eignet sich gut zum Ausschmücken der Kostüme. Allerdings sollten die Gestalten nicht überladen wirken.

Ein Kamel aus Papier und Karton
Material: Steifes Papier, dünner Karton, Seidenpapier, Knöpfe, Zwirn oder Knopflochseide, Perlen, Klebstoff, Musterklammern, Rundstab.
Werkzeug: Lineal, Schere, Nadel, Locher (wenn vorhanden).

Die Röhre, um welche die Figur aufgebaut ist, macht man am besten entsprechend *Bild 38* (a) aus dünnem Karton. Die umgebenden Körperteile bestehen aus festem Papier. Rumpf (b) und Kopf mit Hals (c) sind je zweifach auszuschneiden. Vier konisch zulaufende Röhren (d) stellen die Beine dar; am oberen Ende wird wie bei (e) ein Stück ausgeschnitten. Vier flache Kegelstümpfe (f) ergeben die Füße; oben strahlenförmig einschneiden, Klebefalze umkniffen und bei (g) an die Beinröhre kleben. An den Rumpfteilen die punktierten Flächen (h) und (i) mit Klebstoff bestreichen und die beiden Hälften zusammendrücken, wobei zwischen den Höckern Seidenpapierfransen (m) mitgefaßt werden. Wenn die Klebestellen getrocknet sind, schiebt man die Pappröhre zwischen die beiden Rumpfhälften und klebt sie bei (j) an beiden Seiten an. Den Kopf an der punktierten Fläche (k) zusammenkleben und am Hals entlang (o) eine Mähne aus Seidenpapier mitfassen. Nun die Beine bis auf ein Vorderbein befestigen: erst an jedem Bein oben ein nicht zu kleines Loch eindrücken oder -schneiden (l) und die obere Rundung an der gestrichelten Linie leicht nach außen biegen. Jetzt eine Musterklammer durch das Loch und dann durch den Rumpf stecken und die Enden so auseinanderbiegen, daß das Bein frei

Bild 37.

schwingen kann. Das noch fehlende Vorderbein wird nun fest angeklebt; ist die Stelle trocken, schiebt man einen Rundstab von unten in das Bein und sticht die Pappröhre an der Stelle, wo der Stab auftrifft, ein. Loch vorsichtig erweitern, Stab durchstecken und am oberen Teil der Röhre ebenfalls ein Loch zum Durchschieben anbringen, wie *Bild 39* (q) zeigt. Nun werden Kopf und Rumpf mit Hilfe einer Perle und eines Knopfes verbunden. Dazu starken Zwirnsfaden durch einen

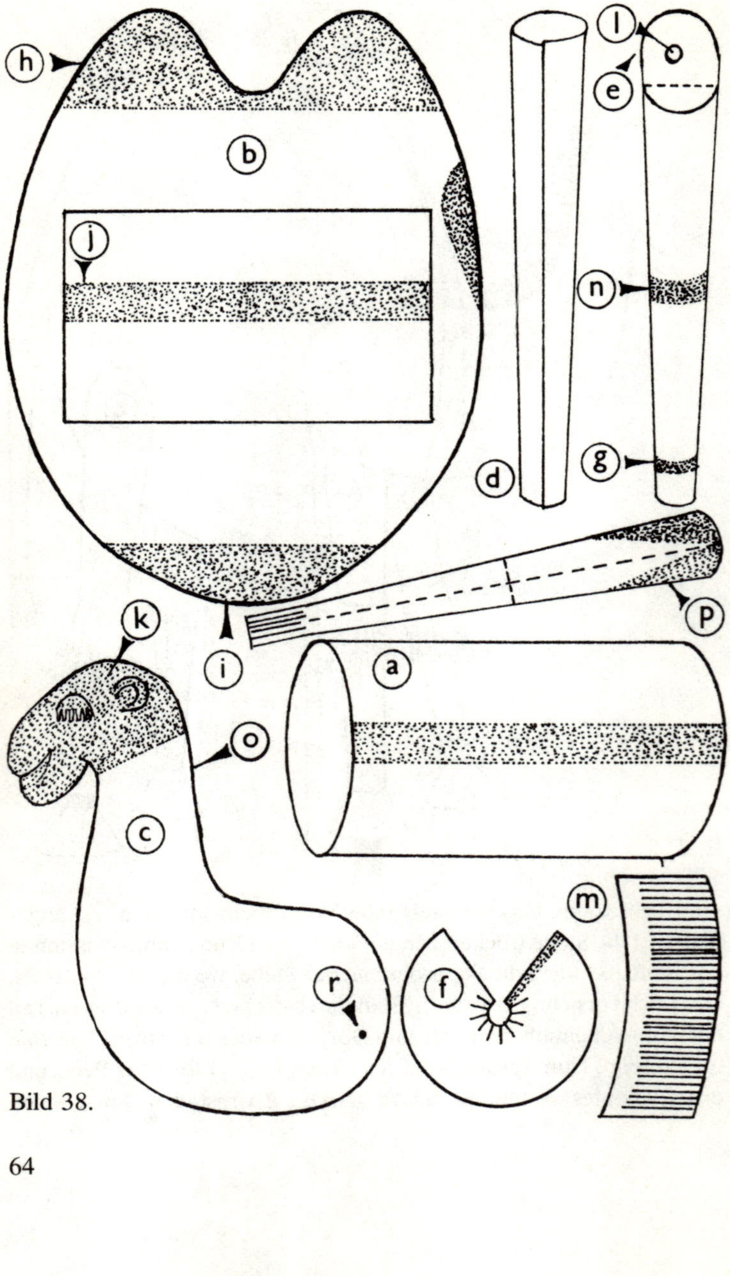

Bild 38.

Knopf ziehen, dann durch ein Loch im Hals (v), durch den Rumpf, durch eine Perle und nun den umgekehrten Weg zurück, mit einem verklebten Knoten als Abschluß (s). Das Gelenk sollte etwas Spiel haben, so daß sich der Hals leicht bewegen läßt. Darauf achten, daß die Mähne die Halsbewegungen nicht hemmt. Nun für die Knie entsprechend *Bild 38* (m) Seidenpapierfransen schneiden und ankleben (n). Den Schwanz (p) ausschneiden, entlang den gestrichelten Linien längs und quer kniffen und ankleben. Damit sich der Hals bewegen läßt, bei (r) einstechen und einen Faden einknüpfen. Dann ein Loch durch den Rundstab bohren, wie *Bild 39* (t) zeigt, den Faden durchziehen und eine Perle einfädeln. Den Hals in die tiefste Stellung bringen und den Faden hier verknoten (u). Zieht man nun an der Perle, schwenken Kopf und Hals auf und nieder. Augenlider und Ohren aus Papier schmücken den Kopf; zum Schluß kann das Kamel noch nach Belieben bemalt werden *(Bild 37)*.

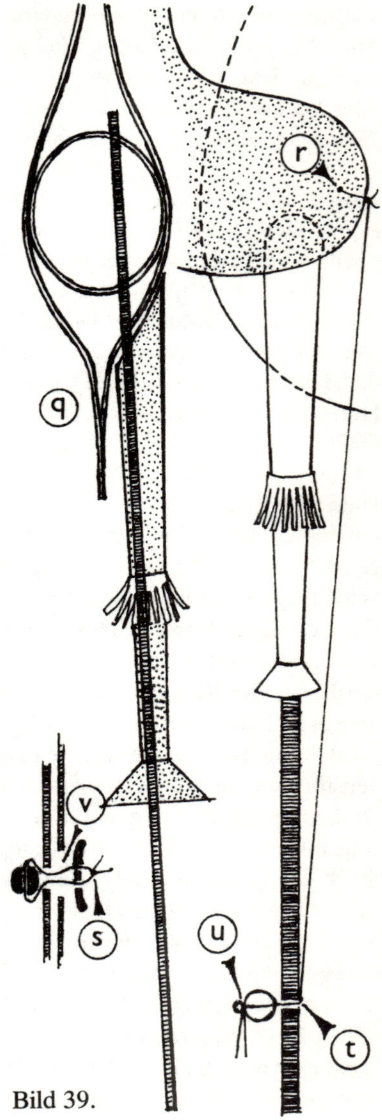

Bild 39.

Vogelmarionette aus einem Federball

Material: Federball, Perlen, Zwirn, Rundstab, Seidenpapier, Draht, Gummischnur, kleine Messingringe und Ringschräubchen, Kunstharz- oder Stärkekleister, Kontaktkleber.

Werkzeug: Schere, Zange, Leimpinsel, Ahle, Nadel.

Zwei Drahtstücke wie auf *Bild 40* (m) biegen; diese ergeben die Beine. Den Draht bis auf die obere Schlaufe (n) mit Seidenpapierstreifen, die in den Kleister getaucht wurden, umwickeln. Durch den Federansatz des Federballs mit einer erhitzten Ahle vier Löcher stechen und zwei Drähte (für die Spielfäden und für die Beine) in geringem Abstand parallel einziehen, außerdem durch die vordere Mitte des Balls einen Faden ziehen (o). Der Kopf entsteht aus einer großen Holzperle oder wird aus selbsthärtender Modelliermasse geformt. Dabei in den Kopf einen Faden einarbeiten und am Hals ein Ringschräubchen eindrehen. Nun Perlen auf den vom Ball ausgehenden Halsfaden fädeln (p) und diesen am Ringschräubchen im Halsansatz anknüpfen. Die Beinschlaufen mit den seitlich aus dem Federball ragenden Enden des unteren Drahtes verhaken. Als Halskrause werden Seidenpapierfransen an den Kopf geklebt (q).

Für die Fadenführung einen 15 mm starken Rundstab an einem Ende senkrecht (r) und weiter hinten waagrecht (s) durchbohren. Am anderen Ende eine Ringschraube (t) eindrehen. Aus Draht ein Dreieck biegen und durch eine weitere Ringschraube (v) führen; hier werden die Beine an Fäden befestigt, wie es die Zeichnung zeigt. Die Tragefäden für den Körper an den zu Ösen gebogenen Enden des oberen Drahts am Federball festknoten und an ein durch die waagrechte Bohrung (s) gezogenes Stück Draht hängen. An die Ringschraube (t) ein Stück Gummischnur knüpfen und das andere Ende an einen kleinen Messingring (w) knoten. Dieser Ring wird nun durch ein Stück Zwirn mit dem Schwanz verbunden. Ein weiteres Stück Gummischnur an eine Perle knoten, durch die senkrechte Bohrung (r) fädeln und einen kleinen Messingring (x) ans andere Ende knoten. Zuletzt den vorher in den Kopf eingezogenen Faden an diesem Ring befestigen.

Zieht man nun an diesem Ring nach unten, neigt sich der Kopf; zieht man an der Perle nach oben, hebt er sich. Der Schwanz senkt sich,

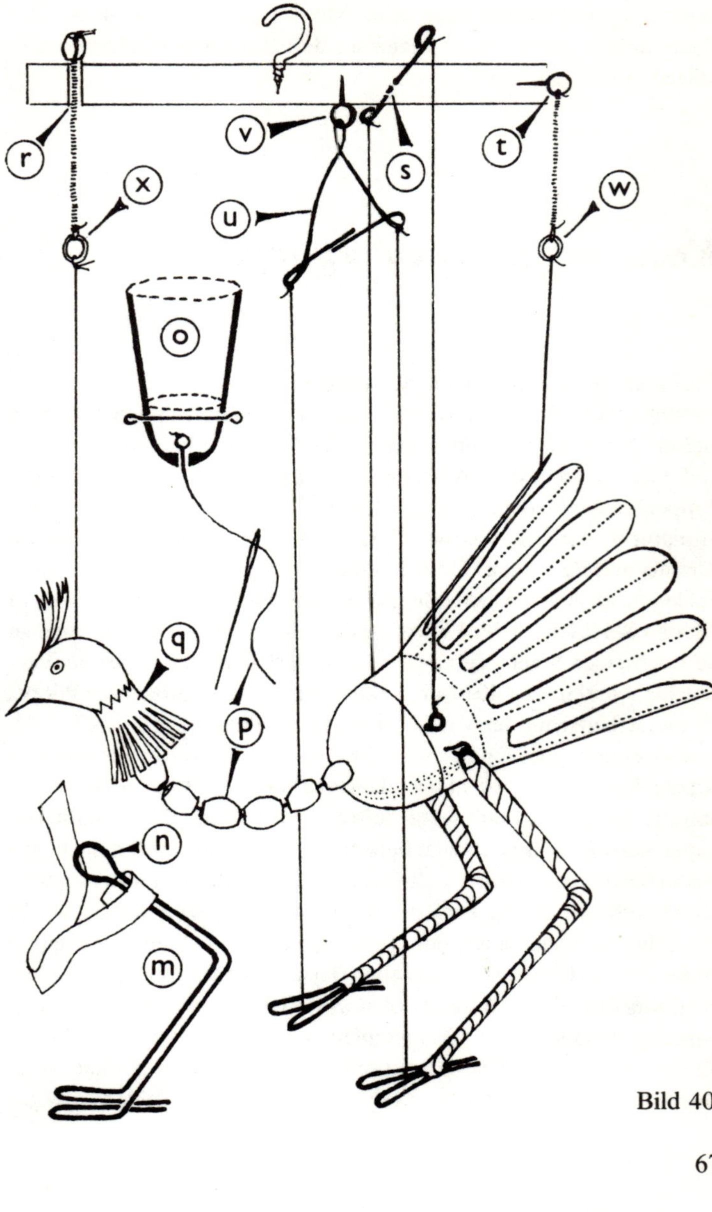

Bild 40.

wenn man am hinteren Ring zieht. Mit einiger Übung läßt sich der Vogel mittels der Führungsfäden an den Beinen zum Hüpfen und Schreiten bringen.

Kostüme für Theaterpuppen

Nun geht es ans Bekleiden der Puppen, was viel Spaß macht, nur kommt es vor allem beim Kostümieren von Theaterpuppen darauf an, daß die Kleidung auf keinen Fall die Bewegungen behindert. Weiter muß man sich darüber im klaren sein, daß solche Kostüme nicht mit Puppenkleidern zu verwechseln sind – sie sind nun einmal keine Miniaturkleider, ebenso wie Theaterpuppen keine Menschen im Kleinformat darstellen. Obwohl eine Spielfigur normalerweise dann bekleidet wird, wenn sie völlig zusammengesetzt ist, aber noch nicht mit den Spielfäden oder Führungsstäben verbunden ist, d. h. solange sie noch einer Spielzeugpuppe ähnelt, darf man daraus keine Vergleiche ableiten. Das Kostüm gehört zum Gesamtaufbau der Puppe, als ein Arbeitsgang im Verlauf ihrer Herstellung.
Je nach dem Puppentyp kann es erforderlich sein, das Kostüm vor dem Anziehen zusammenzunähen; manchmal aber wird der Stoff besser unmittelbar an der Figur festgeheftet, oder es empfiehlt sich, ihn mit Latex- oder Kontaktkleber zu befestigen. Wenn das Kostüm nicht aus einem bestimmten Grund steif wirken soll, wählt man am besten weiche Gewebe wie Jersey, die jeder Bewegung nachgeben und sich leicht in gefällige Fältchen legen oder kräuseln lassen. Man muß bei Puppen immer den verkleinerten Maßstab in Betracht ziehen; daher sind dicke Strukturstoffe, steifer Satin, Brokat usw. nicht nur wegen ihrer Starre ungeeignet, sondern sie wirken einfach im Verhältnis zu grob. Wenn für ein Kostüm das charakteristische Aussehen eines Brokat- oder Damastgewebes oder z. B. eines schweren gestreiften Seidenstoffs ge-

wünscht wird, muß eben das Muster geschickt auf einen geeigneteren Stoff aufgemalt werden. Davon ist später noch die Rede. Wichtig ist andererseits, daß man eine Anzahl verschiedener Gewebestrukturen zur Hand hat; sehr gut lassen sich auch rauhe, grobe, aber unbedingt weiche Stoffe wie gewirkte Putztücher verwenden, die man mit Stofffarben mühelos einfärben kann, entweder gleichmäßig in satten Tönen oder mit verdünnter Farbe, so daß der Farbton durchscheinend wirkt. Tüllreste und sonstige netzartige Gewebe lassen sich ebenfalls gut verwenden. Die steife Appretur geht durch Einweichen in heißem Wasser zum großen Teil heraus. Samt kann man für kleine Teile hinzunehmen, aber hier ist Vorsicht geboten, denn trotz der schönen Oberfläche ist Samt fürs Puppenspiel oft zu schwer und zu starr.
Gut ist es, in einem Säckchen alle möglichen Schnipsel zu sammeln: Spitze, Kordel, Borte, Litze, Rüschen. Auch kleine Federn und Stücke von Straußenfedern sowie Seide, Wolle, Garn und Bast in Strängen kann man immer wieder gebrauchen. In einer Schachtel sammelt man Perlen, Pailletten, Knöpfe, schöne Glaskopf-Stecknadeln und Ziernägel, damit immer eine Auswahl an Zutaten zur Hand ist.
Gemusterte Stoffe, insbesondere Drucke mit kleinen Motiven, auch feine Karos oder Tupfenmuster, sind für Puppenkostüme gut geeignet. Manchmal ist ein passender Stoff zur Hand, doch hin und wieder wird man lieber ein eigenes einfaches Muster drucken, beispielsweise mit Kartoffelstempeln oder im Schablonierverfahren, je nach der gewünschten Wirkung. Ein ganz simples Streumuster läßt sich mit einem Holzstab drucken; das Ende eines Rundholzes (b) oder einer Vierkantleiste (c) wird mit Plakatfarbe bestrichen und auf den Stoff gedrückt. Für ein Muster aus kleinen Kreisen schneidet man sich einen Bambusstab zurecht und druckt damit (a). Abwechslungsreichere Motive ergibt der Kartoffelstempel: eine Kartoffel sauber halbieren und das Druckmotiv mit einer Messerklinge einschnitzen. Eine Form, die den runden Umriß der Kartoffel mit einbezieht, zeigt (d), bei (e) ist der Rand ringsum weggeschnitten. Die Farbe wird mit einem normalen Wasserfarbenpinsel auf die Druckfläche aufgebracht. Ein wenig Kunstharzkleister, den man der Plakatfarbe zusetzt, macht sie dickflüssiger und verhindert das Auslaufen auf dem Stoff.
Ein anderer Weg, Stoffmuster selbst zu machen, ist das Schablonieren,

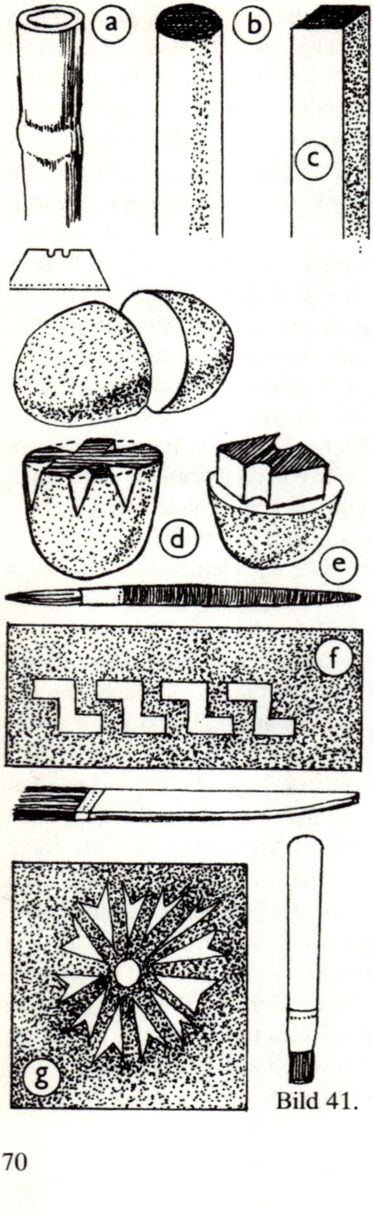

Bild 41.

das sich besonders für regelmäßig wiederkehrende Motive oder für Kantenschmuck eignet. Geöltes Schablonierpapier ist am besten; falls nicht vorhanden, kann man dünnen, harten Karton verwenden. Das Muster wird mit einem scharfen Messer oder mit der Schneidefeder auf einer harten Unterlage wie z. B. einer Glasplatte ausgeschnitten. *Bild 41* (f) zeigt eine Randbordüre und ein Einzelmotiv (g). Plakat- oder Entwurfsfarben lassen sich hierzu gleich gut verwenden; sie dürfen allerdings nicht zu dünnflüssig sein, sonst zerlaufen sie unter den Kanten der Schablone, und die Konturen werden unsauber. Mit einem steifen Borstenpinsel wird die Farbe aufgetupft. Sie läßt sich aber auch mit einem Fixierröhrchen, wie es *Bild 42* (h) zeigt, auf die Schablone sprühen. Sehr praktisch ist Farbe aus der Sprühdose. Diese Sprühverfahren eignen sich übrigens auch gut dazu, die Grundfarbe eines Kostüms Ton in Ton oder mit einer Kontrastfarbe abzuschattieren, was sehr wirkungsvoll sein kann.

Mit Knüpfbatik erzielt man auf Stoffen sehr hübsche Muster, und das Verfahren ist gar nicht schwierig. Man bindet im Stoff mit Schnur oder Faden Knoten ab (i) und taucht dann das Tuch in Stoffarbe. Vor dem Öffnen der Knoten muß der Stoff gut trocknen. Zur Abwechslung kann man Perlen oder Samenkörner einknüpfen. Wünscht man ein regelmäßiges Muster, so nimmt man einheitlich große Perlen und knüpft in gleichen Abständen (j). Perlen verschiedener Größe in willkürlichen Abständen ergeben ein bewegtes Muster.

Applikationen eignen sich gut für bunte Phantasiekostüme, für Clowns und Harlekins und für einfache geometrische Motive jeder Art. Ein wesentlicher Vorteil dieses Verfahrens ist die Möglichkeit, viele verschiedene Gewebearten miteinander zu kombinieren. Meist benötigt man dazu nur kleine Stoffstücke, so daß sich das Material leicht auftreiben läßt. Wenn man eine Anzahl gleicher Formen braucht, empfiehlt es sich, aus dünnem Karton eine Schablone zu schneiden und mit einem spitzen weichen Bleistift die Kontur zu umreißen, wobei man entweder das ausgeschnittene Teil (k) oder den Aus-

Bild 42.

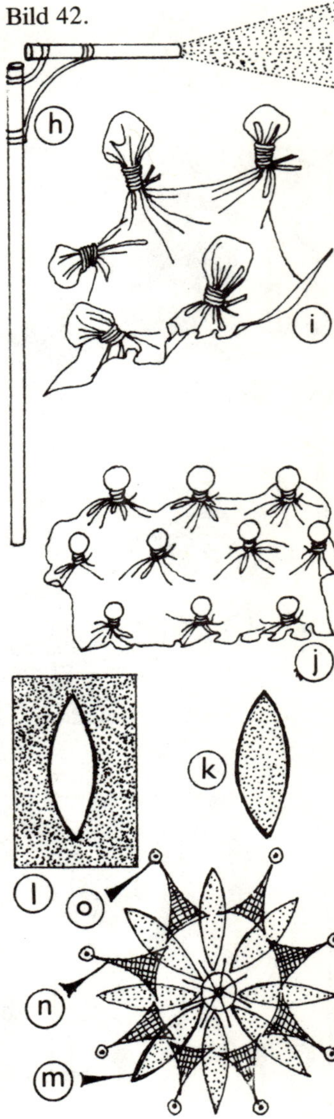

Bild 43.

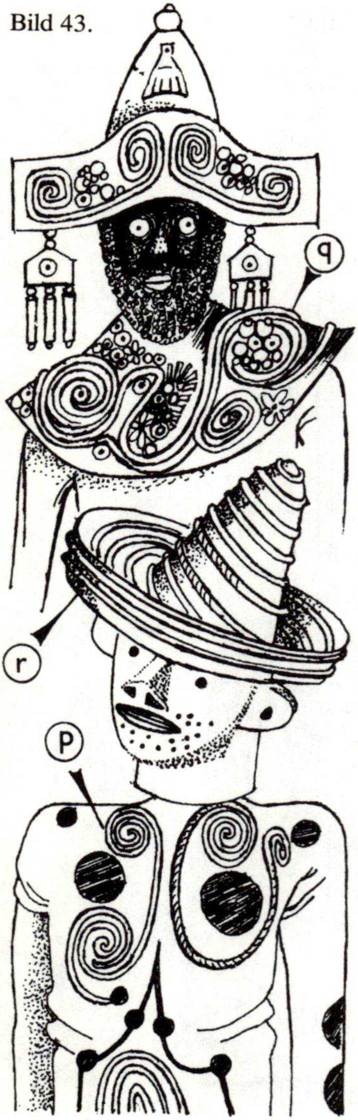

schnitt im Karton (l) verwenden kann. Bei kniffligen Formen ist die letztere Methode vorzuziehen, da die Schablone hier den besseren Halt hat.

Das Beispiel auf *Bild 42* zeigt Filzstücke (m) mit darübergeklebtem grobem Tüll (n) und als Glanzlichter aufgesetzte Pailletten (o). Elastisch härtenden Kleber verwenden; die Applikationen dürfen nicht steif werden und die Bewegungen der Puppe hemmen.

Schnur oder Kordel ist als Verzierung ebenfalls gut geeignet. Sie kann mit Klebstoff oder mit Heftstichen befestigt und zusätzlich leicht mit Farbe übersprüht werden. Schnurornamente kann man mit aufgemalten Motiven kombinieren, wie *Bild 43* (p) zeigt, oder auch mit Perlen und Pailletten wie bei (q), was sehr kunstvoll und kostbar wirkt. Wie man mit Schnur einen Mexikanerhut aus Pappe dekoriert, zeigt (r).

Es gibt zahllose Möglichkeiten für das schmückende Beiwerk, und der Experimentierfreude sind keine Grenzen gesetzt.

Haare und Perücken

Die Zeichnungen auf *Bild 44* zeigen verschiedene Arten von Frisuren aus mannigfaltigem Material. (a) Zurechtgeschnippelte Schaumgummistücke, mit Kunstharzlack bemalt (lange Trockenzeit). (b) Eine Holzfigur war hier das Ausgangsmaterial für die Theaterpuppe; auf dem gemalten Haar thront ein Knoten aus schwarzer Nyloneinlage

Bild 44.

oder steifem Tüll. (c) Holzgeschnitzter Kopf für einen Wilden mit einem Streifen Hochflorteppich (mit scharfer Klinge zugeschnitten) auf dem Scheitel. (d) Eine wuschelige Langhaarperücke aus angeklebten Woll- oder Garnsträhnen. (e) Die Grundform des Haaraufbaues wird beim Kopf mitmodelliert; dann klebt man Schlingen aus dicker Kordel auf, die oben abgebunden und dann ausgefranst werden. Weitere Hinweise geben die einzelnen Arbeitsanleitungen.

Ein Theater für Handpuppen

Material: Spanplatten, 40 × 12 mm starke Holzleisten, ein alter Bilderrahmen, vier 75 mm lange Scharniere, Schrauben und Ringschrauben, doppelläufige Scheibengardinenstange, dünne Schnur, Kunstharzleim, zwei Bleigewichte, Zwirn, Kräuselband für Gardinen, Filz für die Schabracken (Querbehang am Vorhang), Jerseystoff für den Vorhang, Binderfarbe.
Werkzeug: Säge, Schraubenzieher, Ahle, Meterstab, Metallsäge, Leim- und Malpinsel, Schere, Nadel und Faden.

Das Theater ist eine einfache Konstruktion aus Spanplatten und Holzleisten. Als Vorarbeit muß die Höhe (a)–(b) entsprechend der Körpergröße des größten Spielers festgelegt werden; d. h. die Köpfe aller hinter der Szene Mitwirkenden sollten hinter der Vorderwand verborgen sein.
Für die Seitenwände des Theaters zwei Spanplatten (c)–(d)–(e)–(f), für die Vorderwand eine Platte zuschneiden. Die Breite der Vorderwand richtet sich nach der Breite des verfügbaren Bilderrahmens. Am besten ist es, wenn man von allen Teilen eine genaue Maßzeichnung auf Papier macht, damit vor Baubeginn alle Abmessungen eindeutig festliegen. (g)–(h)–(i)–(j) bezeichnet die Maße der Vorderwand. Nun für die Seitenwände vier 40 × 12 mm starke Leisten in der Länge (c)–(f) und zwei weitere Leisten gleicher Länge zur Verstärkung der Vorderwand (j)–(k) und (l)–(i) zusägen. Die Querleisten wie auf der Zeichnung angegeben bemessen; sie müssen genau zwischen die Längsleisten passen. Diese an die Platten leimen und von der Vorderseite her noch Schrauben eindrehen, also durch die Spanplatte ins Leistenholz. Die Querlatte (m) festleimen, dann den Bilderrahmen von vorn ansetzen und von der Rückseite her durch die Leisten und die Platte anschrauben (n), mit etwa 15 cm Abstand zwischen den Schrauben (Bild 46).
Die weitere Befestigung des Rahmens erfolgt nach der vergrößerten Darstellung des Querschnitts (o). Zwischen Rahmen (p) und Leiste

Bild 45.

(q) muß ein Streifen Spanplatte (r) eingefügt werden, um den Abstand zwischen der hinteren Fläche des Rahmens und der Vorderseite der umgebenden Spanplatten auszugleichen. Leisten und Spanplatte zusammenleimen und den Rahmen nun rundherum befestigen, indem

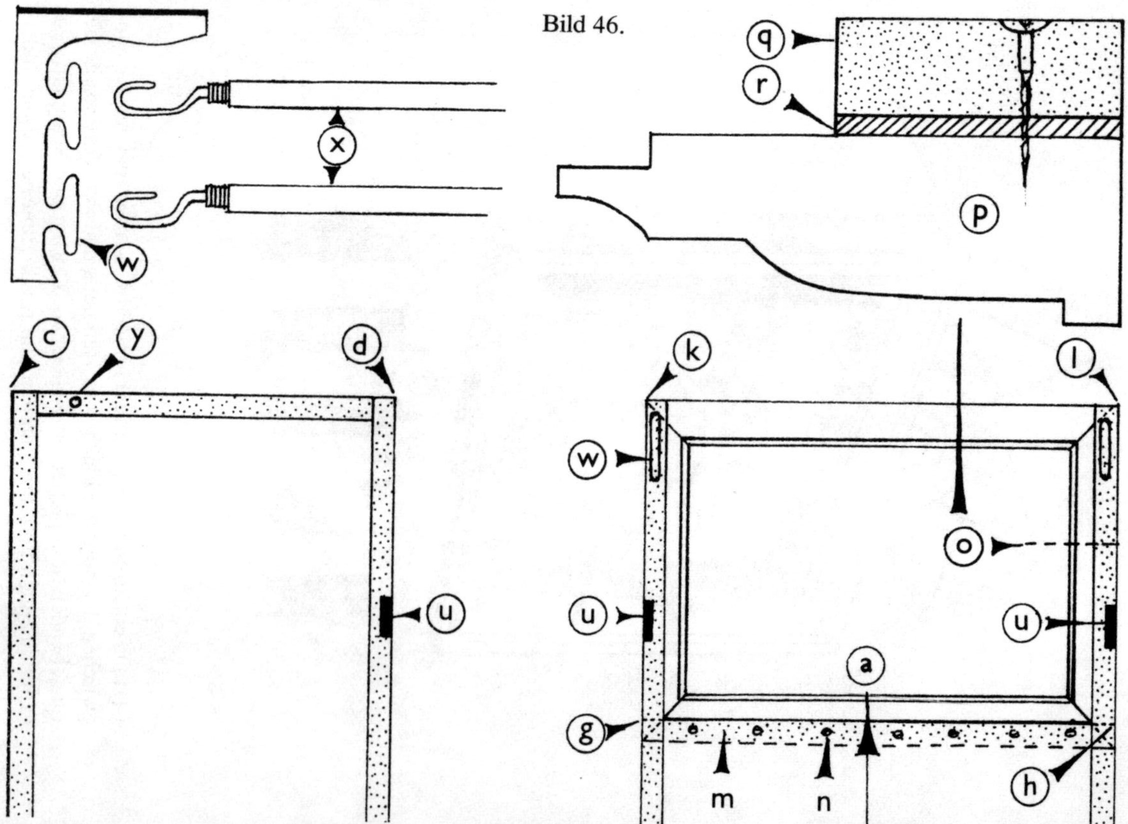

Bild 46.

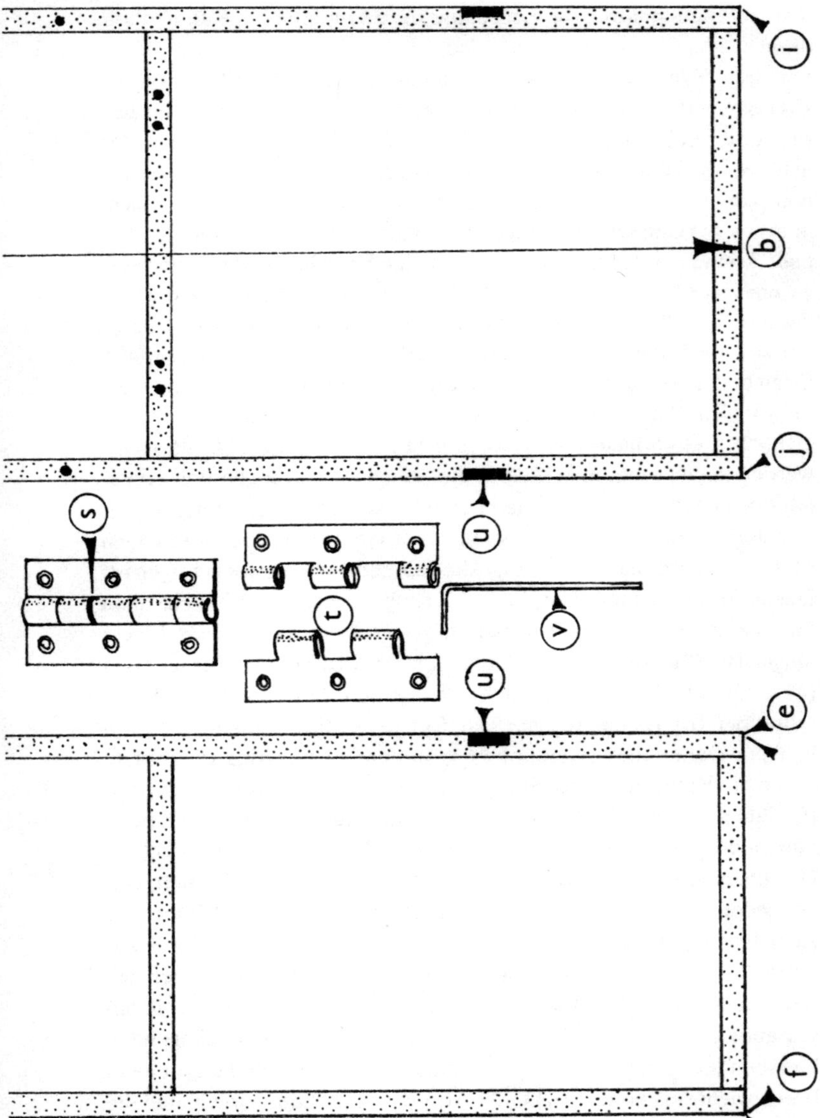
i
b
j
s
u
t
v
u
e
f

man Schrauben durch die Leiste und die Spanplatte ins Rahmenholz dreht.

Die drei Teile des Theaters setzt man am besten mit Stiftscharnieren zusammen, damit sie einzeln flach gestapelt werden können. Man zersägt das Drehgelenk eines gewöhnlichen Scharniers in einem der Schlitze (s), damit das Scharnier in zwei Teile zerfällt (t). Diese werden nun paßgenau an die Längsleisten (u) geschraubt. Die Stifte macht man aus starkem Draht (v). Wenn man die Platten genau aneinanderpaßt, können diese Drahtstifte in das hohle Drehgelenk des Scharniers gesenkt werden und so die Teile des Theaters zusammenhalten.

Zwar nicht unbedingt notwendig, aber hübsch ist ein Bühnenvorhang, der sich nach beiden Seiten öffnen und zur Mitte hin zuziehen läßt. Dazu bedarf es nur einer doppelläufigen Scheibengardinenstange, die billig im Kaufhaus zu haben ist. Die Seitenteile zum Einhaken der ausziehbaren Drahthaken am Ende der Stangen – siehe *Bild 46* (w) – werden zuerst anmontiert, dann die Stangen ausgezogen und eingehakt (x). Die Vorhangteile aus dem dafür vorgesehenen Stoff, am besten Jersey, zuschneiden, wobei in der Breite für die Falten reichlich Materialzugabe und in der Länge die Saumhöhe zu berücksichtigen ist. Das Kräuselband aufnähen und die Ringe in das Band haken, dann die Vorhangteile auf die Vorhangstangen reihen. Nun zu *Bild 47:* ein langer Bindfaden oder eine dünne Schnur wird an den Vorhangring (a) geknotet, durch alle weiteren Ringe und dann durch die Ringschrauben (b), (c) und (d) gezogen. Ein gutes Stück muß noch herabhängen. Dann einen zweiten Faden an den Vorhangring (f) knoten, durch die Ringe auf dieser Stange und die Ringschrauben (n), (h) und (i) ziehen und das Ende wiederum herabhängen lassen. Die beiden Fadenenden werden nun zusammen an ein Bleigewicht (erhältlich im Gardinenfachgeschäft) geknüpft. Zieht man an diesem Gewicht, öffnet jeder Faden eine Vorhanghälfte. Ähnlich wird die Schnur fürs Zuziehen angebracht: ein Ende bei (m) anknüpfen, durch die Ringschrauben (k), (c) und (d) ziehen und das Ende lang herabhängen lassen. Einen weiteren Faden bei (j) anknüpfen und durch die Ringschrauben (g), (h) und (i) führen. Die beiden herabhängenden Fadenenden in gleicher Länge abschneiden und ebenfalls an einem Bleigewicht verknoten (e). Durch Ausprobieren dafür sorgen, daß die

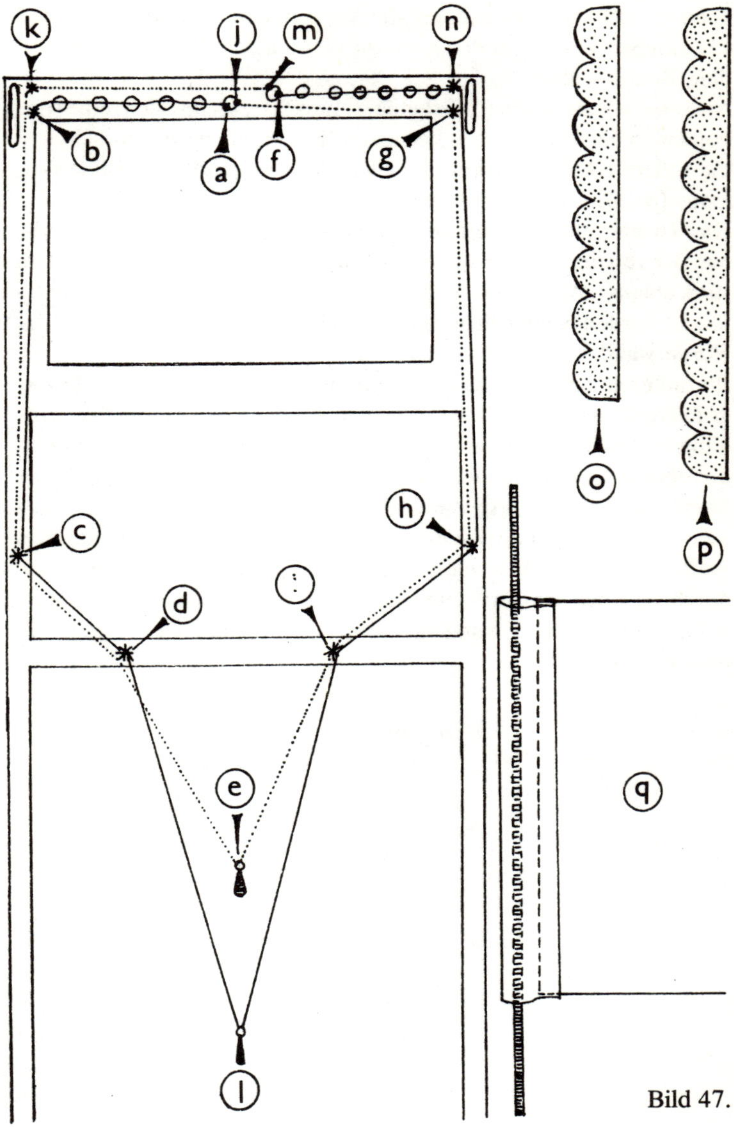

Bild 47.

Schnüre nicht zu kurz sind, um die Vorhangteile ganz zu öffnen und zu schließen, und daß andererseits die Gewichte und Schnüre nicht auf dem Boden schleifen.
Nun zwei Schabracken (Querbehänge) aus Filz zuschneiden; eine wird von innen unter der oberen Leiste des Bilderrahmens angebracht (o), die andere vor der Vorderwand unter der Unterkante des Bilderrahmens (p). *Bild 45* zeigt es genau.
Das Theater mit Binderfarbe anstreichen; dafür einen Farbton wählen, der von den Puppen und von etwa verwendeten Kulissen nicht zu stark ablenkt. Als Zierde können noch Fähnchen oder ähnliches angebracht werden, vielleicht auch einige gemalte Schmuckmotive auf der Vorderwand.
Im hinteren Teil des Theaters kann man einen einfarbigen Hintergrundvorhang, ein Stück bemaltes Tuch oder eine Pappkulisse aufhängen. Dazu bohrt man wie auf *Bild 46* (y) Löcher ganz hinten in die oberen Querleisten der Seitenwände, durch die sich eine dünne Stange stecken läßt. An die Oberkante des verwendeten Stoffs ein „Köpfchen" nähen oder beim Papphintergrund die Oberkante umkniffen und festkleben wie auf *Bild 47* (q). Die Stange von außen durch das Loch in einer Seitenwand stecken, das Tuch oder die Pappe auf die Stange schieben und diese durch das Loch in der anderen Seitenwand führen.